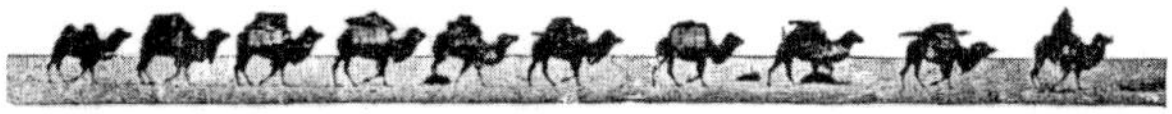

遙かなる敦煌への道

Langdon Warner 著

劉　学新 訳

茂木雅博 監訳

監訳者まえがき

十九世紀後半〜二十世紀前半、欧米諸国あるいは日本は、アジア、中でも中国の西域地方に多くの探検隊を派遣した。スタイン（イギリス）による東トルキスタン和田のニヤ遺跡およびエチナの居延漢簡、コズロフ（ロシア）によるカラ・ホトの西夏遺跡、スタインおよびペリオ（フランス）による敦煌莫高窟、ヘディン（スウェーデン）による楼蘭、ルコック（ロシア）によるトルファン・ベゼクリク千仏洞、大谷探検隊（日本）によるトルファン、ベゼクリク千仏洞および敦煌莫高窟などが知られている。いずれも現在のように黄海沿岸の連雲港市からオランダまで一本の鉄路で繋がっている時代では想像もつかない厳しい旅だった。また当時中国は清朝末期の混乱で不安定な中華民国政府の力では適切に対応できず、多くの文化財が国外に流失した。

本書はそうした探検隊のひとつで、アメリカのハーバード大学が派遣したランドン・ウォーナー隊の敦煌までの苦難に満ちた奮闘記である。この探検隊の目的は二つあった。①スタインにより発見され大きな話題となっていた所謂「居延漢簡」の発見地エチナの黒龍城址の発掘調査、②同じくスタインとペリオらの調査によってやはり注目されていた敦煌莫高窟の調査である。ウォーナーが敦煌莫高窟で行った壁画の剥離作業はルコックや大谷探検隊の手法とは異なり、化学薬品を使用して顔料のみを剥離するという現代風の方法を採用している。この点に関してはコロニアリズムの観点で批判されることも多いが、本書が注目されるのはそのことよりも、当時の中国の国情を理解するうえできわめて有効な事実を記録している点であろう。ある意味で円仁の『入唐求法巡礼行記』(唐代)やマルコ・ポーロの『東方見聞録』(元代)にも匹敵する二十世紀初頭の中国を記録した、貴重な近代史資料であるともいえよう。またそこには、私が二十一世紀初頭に蘭州から敦煌へ考古学調査の旅をしたときに経験したのとほとんど変わりない行政の在り方や住民感情が記録されており、急速度で経済大国化した現代中国の本音を知るうえで貴重な資料でもある。

本書の訳者劉学新氏は、文化大革命期の中国で下放されるという学生時代を送り、その後、日本政府の招聘留学生として日本で言語学を学び学位を取得、さらにアメリカに渡って現在は同地の大学で日本語教師として活躍している人物である。発行されてから約一世紀ののちに、かかる経歴の研究者の手によって本書が日本語に翻訳されたというのも、なにやら因縁めいたものを感じさせられる。劉氏がいずれも母国語でない英語と日本語の間で奮闘されたことに深く敬意を表する次第である。

なお本文中で〈　〉で記された箇所は著者の註記、また（　）で記された箇所はすべて訳者による註記であることをお断りしておく。

二〇一四年二月

茨城大学名誉教授　茂木雅博

目次

遙かなる敦煌への道

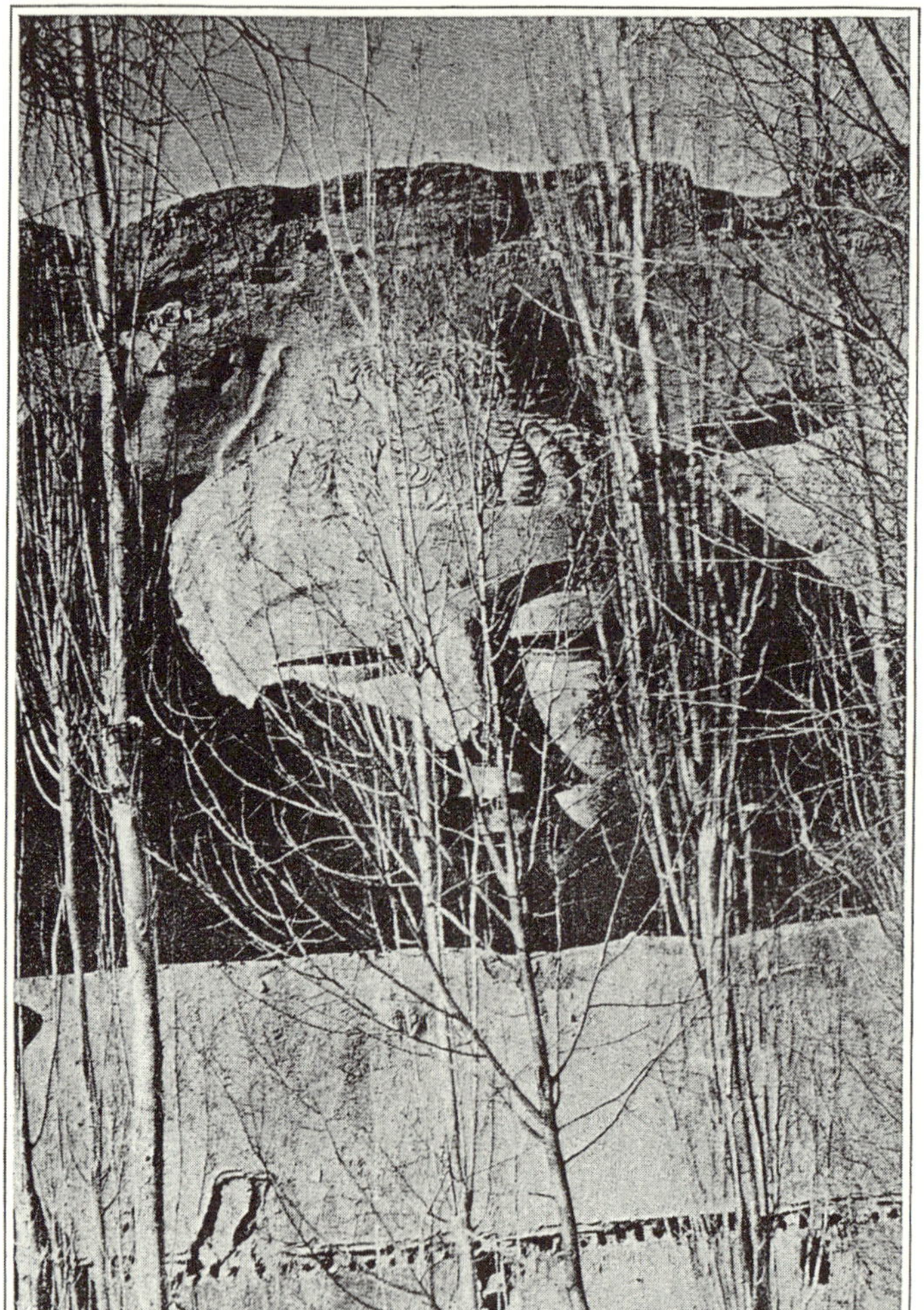

敦煌の巨像

第一章　古くからの北西の道

いま私は大西洋とは地球の裏側に位置する場所にいる。行く手には難問が山積しているが、もしすべてがうまくいくなら、これから数ヵ月間、中国を予定通り旅することができるだろう。

ケンブリッジで中国の西域研究熱が盛んになる以前、この地域についてはマルコ・ポーロやペリオが千仏洞のことを記しているし、スタインの記録もある。地図には法顕の位置や私たちが探険したいと思っている古代の貿易路も書いてあるので、ホレイス・ジェイニと私は西域探険が大きな成果を挙げるだろうと期待していた。もし探険が成功するなら、東洋の芸術史に新しい見解をいくつか付け加えることができるはずだ。

ところがいま、北京のうらぶれたホテルにいると、これまでの確信に満ちた興奮が冷めてしまうのだ。部屋には地図や馬の鞍、タイプライター、それに夏・冬用のキャンプ道具やさまざまな旅行用具が雑然と置かれている。私たちはもういちど行程について考えなおした。河南との境界や西側には強盗ども、また甘粛やその西側には荒っぽいイスラム教徒がいるという。おそらく最初は、降りつづける雨のために一面が泥海になる道、その次は乾燥と砂漠の寒気に出くわすだろう。敦煌の貴重な壁画はまだ何か残っているだろうか。ロシアの囚人たちがそのデリケートな表面に彼らの名前を乱暴に書き付けたことはすでに知っていたが、狂信的なイスラム教徒らはその画面まで剥がしているのではなかろうか。また、エッツィン・ゴル村には十一月になっても住めるだろうか、住めるならば水はどうすればいいのか、せっかくハーバート大学に出してもらったお金をいま全部使ってしまっていいのか、もしこのまま待っていたらどうなるか、状況がもっと悪くなるか、それともよくなるか、というようなさまざまなことが気がかりだった。

ところが、空想はそんなことは考え過ぎだと嘲笑う。世界の屋根を越えてインドからやって来た聖者たち、恐ろしい塩の砂漠、測量用の巻尺やトランシットを担いだ考古学者たち、モンゴルの遊牧民たち、皇帝の大使館員たち、インドから運ばれるエメラルドや中国から運ばれる薬、馬の売買業者たち、乞食たち——ようするに有史以前からこの道を行き交った光輝なものも、汚れたものも——そうした光景がいつも眼前に現れて消えないのだ。

フランス、イギリス、ドイツ、ロシアそして日本は、それぞれ学者を西域に送り込んでいるが、はるか一七〇〇年も前に、冒険者顔負けの秀れた学者たちが仏教の経典をインドから中国にもたらし、それを中国語に翻訳した。聞くところによればそれより三〇〇年ほど前、ひとりの勇敢なリーダーに率いられた遠征隊がこの路をたどり、一行はカスピ海沿岸にまで到達したという。そしてその経路を通って、中国の絹が小型の馬や翡翠と交換するために流れていった。それはやがて計画的に交換されるようになり、絹はペルシアの総督やアラブ商人の手に渡った。さらに爛熟期のローマや植民地のギリシアにまで届けられ、絹の糸は高貴な色に染め上げられて若い洒落男どものローブの縁飾りに織り込まれたのだ。この西域への通路はその頃からずっと利用されてきたが、それ以前のいつごろから使いはじめられたのかは分からない。もし最近この路筋で発見された陶片と、トロイで発掘された玉製の斧の存在がまちがいのないものならば、ミノス王国がクノッソスを中心に栄え、プリアモスの都市がまだ建設されていない時代に、すでにこの路を通って西との交易が行われていたと考えられる。

＊　＊　＊　＊　＊　＊　＊

西域への路について「ベストのアドバイスを得ろ」との忠告にしたがい、地元の人たちにいろいろと聞き回って慌ただしく一ヵ月を過ごしていたある日の午後、とある店で偶然に何とも怪しげな骨董品を見つけた。ヨーロッパやアメリカの大使館員たちは陵城地方の強盗団から突きつけられた要求とその対応に追われており、新聞は毎日のように私たちがこれから踏破しなければならない河南との境界付近で起こった強盗事件の記事を載せていた。とはいえ、小心な中国人たちですら相変わらずこの路を通っていたし、少数であれ外国人宣教師らも、任務のためにこの路を行くのを当然なこととしていた。

この一ヵ月が終わる前に、古い友人で、親切なギルバートに会うことができた。彼はこれまでに二回ほど中央アジアに冒険的な旅に出かけたことがある。一回は三年もの間、びっこのラバにまたがって砂漠の中をオアシスからオアシスへ、羊飼い頭や乞食たちとお喋りをしたり、ウィリアム博士の作ったかの「ピンクの薬」を彼らに売りつけたりし、ときには餓死寸前、ときにはご馳走で腹が一杯という旅をつづけたのだ。そんなひどく呑気な旅、ようするにアメリカ式の冒険旅行をしているうちに、彼のラバが偶然に道に迷ったことで鉄道の終点の西安にたどりつき、大使館の中にある自分の部屋、糊をつけたシャツを置きっぱなしにした部屋に戻ってくることができたとか。その後、北京で彼ともういちど会ったが、そのときは何か戦争のための特別任務を帯びて私と同じ方に出かけようとしており、慌ただしく別れたのだった。彼は、カイゼルは本当はシャイタン（イスラム教の悪魔）でマホメットの化身ではない、というアラーの言葉を待ちうけるイスラム教徒たちに伝えるために行くということだった。私も同じようなニュースを持って別の方向へ向かわなければならなかったので、別れしなに眼で意味ありげにうなずき合ったが、それはこの後の孤独な旅と、たがいの幸運を思ってのものだった。彼はまた、かつてはハーバードにいて、そこではペンでかなり認められた人物だった。もし彼が、遙か遠い中国の城壁に囲まれた都市の中では、旅館の庭で外国人が物を奪われてあちこち逃げ回り刀で戦い、血だらけの手を月光の下に繋がれた白いラバの背で拭いたりしている、といった記事を読むことがあったら、後世の人びとのためにそのことを書き残しておいてくれるよう頼みたいと思う。

それで、彼と大使館の晩餐会で三度目に合ったとき、彼は私を陸軍の呉元帥に紹介してくれると言い、西域探検への私たちへ通路を切り開いてくれることとなった。ギルバートは私たちに旅のことは心配しなくていいし、それから西の方に行くことがあったら、北京でも見物しながらベストのアドバイスを求めろ、と言ってくれたのだ。

呉将軍の許可さえ得られれば、西域への道すがら恐ろしい連中に出会っても、遠い地球の裏側から思うほどには怖くないような気がしてきた。ケンブリッジ大学のオーソリティに何か役に立つ情報はないかと、私は急いで彼らの周囲を巡ってあれこれと細かく観察してみた。私たちの計画は、もともとそこの実情やあらゆる事実にもとづいて決められたもので、いまさらそれを変える理由はまったくなかったのだ。

それからパスポートを手に入れなければならなかったし、どんな武器を携帯するかも考えなければならない。中国の奥地で武器を携帯するについては二通りの考え方がある。ひとつは停車場に留まったとき、使い慣れた武器を見せびらかして、外国人がその強力な武器をどんなにうまく扱うかを見せつけたほうがいいという考え方、もうひとつは回転式拳銃をしまった鞄をラバの餌袋や料理用の食器類の間にしっかりと挟み込み、自分をいつもコネティカットの拳銃製造工場を抱えているかのような気分にさせるというもので、私はいつも後者の考え方だった。それで結局、中古の散弾銃一丁と自動拳銃一丁を買った。というのは私の四五口径の旧式拳銃の弾薬を買うことができなかったからだ。その拳銃はずっと私の鞄の中に入っているだけだったが、これまでの旅ではそれで充分に役立ったのだ。

* * * * * * *

河南府（洛陽）までは汽車に乗って楽な旅だった。ギルバートの紹介があったおかげでそこで陸軍元帥の呉佩孚に面会することができた。彼の司令部は河南府の駅の西側から四マイル離れたところにあった。私はこれまで、いつか機会があれば最大の中国「軍閥」と言われる彼に会いたいと、ずっと思っていた。彼は一年前に張作霖将軍を満州に追い払って以来、鉄拳をもって中国の西部地方を支配してきたのだ。彼の司令部はまるで大きな公園のような敷地の中に建っていて、素敵な広い道がそこまで伸びていた。私たちが近づいたとき、兵士たちはその大通りで忙しそうに働いていた。その両側に植えられた若い木々は溝の水によって灌漑されており、まるでオハイオの農場のように牧草の山と農園用の荷車が整然と並べられた、広大な野原だった。

ごく簡素な室内で、色つきの押しピンがたくさん植わった地図が壁に掛けてあるだけの部屋で、若くてハンサムな男の秘書が迎えてくれた。彼が着た白い絹の長い中国服は、灰色の軍服ばかりの中でいっそう白く見え、そしてマニキュアをした繊細な手はひどくきれいで、若い娘の手のようだった。「呉司令はいまとても忙しいので、少しお待ちください」と話す英語は、上海のセント・ジョーン大学で習った完璧なもののように思われたし、その発音も彼の容姿のように端整だった。

しばらくすると、かの大物が慌ただしく入ってきた。彼は想像していたようながっちりした体格の男ではなく、ほっそりして鳥のように身軽で、額に皺も寄っておらず、態度は重々しいが、人柄については心配する必要がなさそうな感じだった。彼は「お待たせした」と謝ると、すぐに手紙や書類が積み重ねられた机の前に座った。それから通訳の王と秘書の報告を聞きながら、私たちの書類にさっと目を通してくれた。彼は私たちが純然たる学者で、ただ西域へ探検に行きたいだけであり、彼にそれを許可してもらい、通行が安全かどうかを教えてほしいだけだということが分かると、早速にさまざまな保証をしてくれた。もしその通路が安全でなければ、それを安全にすることもできるし、また念のために一組の護衛隊を同行させるとも約束してくれた。彼はこの地方の強盗は地方の役人たちとつるんでいるのが普通だと言うが、だからといってその強盗どもを国土から取り除こうとはしていないようだった。西域までわざわざ護衛隊をつけてもらい、富裕な役人みたいに見せる必要はないと私が言うと、彼は手を振って私たちの言葉を遮り、一〇の護衛隊に陝西省の辺境まで私たちを送らせるよう命じた。そのあと彼は、机の上に積み重ねられた手紙を開いて読んだり、書類にサインをしたり、ときには振り返って部下に短い指令を出したりした。考古学と絵画芸術に話が触れたときは、立ち上がって壁に掛けてある灰色の水墨画を指し解説をしてくれた。その絵に描かれた梅の枯れ枝にはいくつかの蕾が出ていたが、その蕾は新中国のシンボルだと言い、それを大切にしていた。絵のそばに高価な木で作られた箱があり、中に三日月形をした玉製の古い鑼《どら》を入れていた。彼が寺院で使う小さな木槌でそれを叩くと、優美で落ちついた音色がした。

実は、彼を政治や当時どちらにも決まっていない大統領選挙についての話題からそのように引き離すのが私たちのねらいだった。私たちの役目は西域探検の使命が疑われないように、他のことに対して何も知らないふりをすることだった。およそ三〇分ほどして、彼は私たちに一時間後に彼とその配下たちと一緒に食事をするよう言い残して部屋を出ていった。

七つの丸テーブルが据えられ、どのテーブルの回りにも六から八脚の椅子が置いてあった。私たちは呉将軍と彼の秘書と一緒に座った。窓の外では美々しいブラスバンドの演奏する軍歌が聞こえてきた。彼らの演奏する曲はときにスロウなものになったりもしたが、ロシア風の曲はしごく聞き手を奮いたたせるものだった。最初の三〇分ほど、将軍のテーブルを囲む私たちは無言だった。しかし、グラスには温かいシェリー酒のようなワインが注がれ、空になるとすぐにまた溢れるほど注がれた。呉将軍はグラスをあけるたびに、空のグラスをくるりと廻してみせる。それで私たちもやむをえず彼の真似をした。それから彼の合図によって私たちは箸を自分の服の袖やズボンで拭いたのち、テーブルの真ん中に六つか七つ置かれた、羊肉の小さな塊とか豆腐、オムレツ、ギョーザなどの盛られた皿に一斉に箸をつけた。

将軍は、中華の料理法、兵隊たちの歌、あるいは葡萄酒や高粱酒の作り方などを秘書に紹介させたが、政治の話とか、いちばん聞きたいと思っていることにはまったく触れなかった。私の右側に座っている大男の士官が私の耳に向かっておくびを吹きかけ、髪を短く刈り込んだ頭や何重にもなった太い首から汗が川水のように流れ出すまで、ずっと食べたり飲んだりしていた。食事が終わって呉元帥が立ち上がると、軍楽隊がまさに軍楽調の演奏を始めた。ジェイニと私は、食事をしていた全員が起立する中を彼のあとに従い、だらだらと歩くわけにはいかなかった。

呉将軍が仕事に追われていることがよく分かったので、彼とゆっくり雑談するのは諦めて、慌ただしくこの部屋を立ち去り、エンジンをかけたまま出口で待っている士官用の車に乗り込んだ。すると護衛隊が現れ、ブラスバンドも「シーイング・ネリー・ホーム」を演奏する。私たちは「ダイナおばさんのキルティング・パーティー」を歌いながら夜の闇の中を走り出した。車が河南府の南ゲートへと疾走すると、狭い道は多くの手押し車や食べ物、お菓子、お茶を売る商売人でひどく混みあっていて、まるで賑わう市場のようだった。重い荷を積んだロバを避難させるため店内に押し込み、裸の子どもたちは私たちの車の前に突然立ち上がり、老婆たちが垂直に立った垣根を乗り越えたりした。幸い私が気がついた限りでは死んだ人はひとりもいなかったようだ。

翌朝六時、呉将軍から呼ばれ再び人力車に乗って護衛隊と会いに司令部へ行った。この護衛隊は私たちを川岸から一二マイル離れた龍門の石窟寺院まで安全に送るのが役目だった。外にはジェイニと王と私のための馬がすでに用意されていた。私たちを護衛するために司令部から派遣された一六人の騎兵隊も同行することになっていた。ところが、出発しようとしたとき、同行するはずのあのハンサムな秘書がいないことに気づいた。彼はセント・ジョーン大学で乗馬のコースを取ったこともないし、馬に乗るのが怖いので、自分の身代わりに少し英語ができる男を探してきて、その男を無理やり馬に乗せたのだった。その男は顎が見えないほどに肥っていて、馬の背に乗せられたのも初めてとのことだった。道が悪くて馬がガタガタと進んでいるうちに、彼はそれまでに身につけたわずかな英語も全部忘れてしまったようだ。それでも、馬の背に押し上げられたときからずっと苦しい微笑を浮かべていた。その日の二五マイルもの旅で、彼は馬の鞍の上で左右に揺られ足や股の皮をあちこち擦りむいた。寺院に着いた後、これ以上一緒に行く必要はないと私が言うと、彼は喜んで、それから三時間ほども地面に横たわっていた。そのときの彼ときたら、上半身の皮膚だけが傷ついていないような状態だった。次の日に彼はきっと、自分が中国に生まれたという運命、そして苦痛にうめく乗馬者がちゃんとした食事のできる囲炉裏さえない国を恨むにちがいない。

二人の若く元気のいい騎兵将校は、私の元気よい馬と競走しようと待ちかまえていた。洛河に架かる橋が壊れていたため、平底船で川を渡った。寺院群の入口には六〇フィートほども高さのある大きい守護仏が立っていた。寺院の数は一〇年前に見たときより増えていたが、商人どもが欧米の博物館に売りつけるために固い岩盤から仏像を削り取ったり頭部を打ち落としたため、いくつかの隙間ができていた。ジェイニと私は屋根を取り払った大きな洞窟の生い茂る草の上に、手足を伸ばして寝ころんだ。そこでは鳩が高い仏像たちの頭上をすばやく飛び回っていたが、仏像はもはや宗教的な雰囲気の薄暗さに安置されているのではなく、太陽光にさらされてた。一羽の小さな鷹が突然、投げ槍のように飛び込んで鳩の群れを追い散らすと、一〇〇羽ほどの鳩は私たちの足下を流れる川を越えて飛び去った。

午後遅く、まだ悲しげに微笑む顎のないあの秘書を、おとなしい馬の背に引き上げ、私たちも馬に乗ってゆっくりとそこを離れた。馬の隊列が二列に並んで盛大に埃を立てながら河南府の狭い街路をガタガタと通り過ぎたときは、すでに夕暮れだった。外国人が増えたためか、私たちは人びとを追い散らし、とある宿に投宿した。

二日の後、西域へ向かって数時間進んだが、まだ鉄道の終点を過ぎていないので、荷物を宿に下ろした。その夜私たちの部屋は、車夫たちの話し声で喧しかった。愛想のいい郵便配達が荷物を運送するために手配してくれたのだ。次の朝その郵便配達から次のような手紙が届いた。

拝啓　旅行者の皆様、おはようございます。西安までは、一台の四輪馬車なら七〇ドル、三匹のラバに乗って行くなら一匹につき三五ドル、合計一〇五ドルで、それがいちばん安い料金です。前もって一〇ドルか二〇ドルの手付をお支払いくださいさい。西安へ出発されるときに、半額を支払っていただきます。明日の朝出発されるようでしたら、その前に必ずお知らせください。それから、アメリカの国旗を持っておられますか？　どの馬車にも国旗を掲げておかなければいけません。そうしないと、兵隊が途中で止めて馬車の中から武器類を探します。　敬具

八月二三日　観音堂にて

中国郵便局　周　星月

呼ばれた四人の洋服屋が懸命に国旗を作ってくれた。それは強盗どもに、もしジェイニと私を襲うなら中国の西部にアメリカの陸・海軍が現れて必ず報復するぞ、と思わせるためだった。私たちがまずしなければならなかったことは、洋服屋たちにアメリカ国旗の特徴を教えるために、正確な縮尺の図柄を描くことだった。ジェイニは何本の筋があるか知っているが、青色の筋も入れるべきという私の提案をあっさり退けた。国旗にはいくつ星があるのか、また、五角星の模様がどうすればうまく描けるかについて二人は言い争った。幼稚園のころ子どもたちが紙をどんなふうに折り畳み、それから折り畳んだ紙から鋏で小片を切り取って正確な五角星を作ったかを私が思い出せると思ったのだ。だが結局のところ私たちの描いた図は、強盗たちからみれば、三角帽の連続か、一列に並んで帆走する艦隊か、掛け布団の上で手を繋いで踊っている小人たちの模様としか見えないも

のとなり、喉がかれるほど議論しても、正確な五角星は描けなかった。しかも、星の数、つまりアメリカにいったいいくつ州があるのかについてすら曖昧なままだった。もし私たちが覚えている州の名前を全部書き出してから結論を出そうとするなら、かなり時間を無駄にすることになる。それに二人とも四二の州全部へ行ったことはないのだ。もし行ったことがあったとしても、アイダホという州名を二回数えたのではないかとおたがいに疑ったにちがいない。ところで、呼んできた洋服屋はそれらの旗があまりにも小さいので、勝手にどの旗にも六個の星を縫いつけるとボーイに言わせた。それで、アメリカ国旗に星の数がいくつかという難問はあっさり解決されることとなった。それはじつに賢明な提案だったといえよう。その数は偶然にも独立時の一三植民地のほぼ半数にあたり、しかもかの有名なブランデーのラベルに描かれた三個の星の二倍になるのだから、強盗どもきっとその数の重要性を認めるにちがいないのだ。

このアメリカ国旗を馬車につけろというアドバイスは、じつに適切なものだったといえる。そのおかげで、この道を往来する宣教師や中国の商人たちより、ずっと丁寧に保護されることとなったのだ。そういうことで、この後やるべきことは、車に荷物を積むことと、四人の洋服屋がそれぞれの旗に六個の星を縫いつけ終わるのを待つことだけだった。

これらの荷物を運ぶ車夫どもは、無法にもすぐに大金を支払うよう迫ってきたが、もちろんそんな馬鹿な要求には従わなかった。彼らは郵便配達が作ってくれた長たらしい書類にサインをさせられた。その書類には、雇い主は沿道の別な停車場である程度金を支払い、運送者はそれに応じて荷物を乗せた馬車を走らせ中国国境を越えることとはっきりと記されていた。汗を滴らせ、口から唾を吐きながら、人混みをかき分けて部屋に入ってきた中国人の車夫たちは、その書類に言われるままに拇印を押したが、そうすれば報酬を少し多くもらえると思っていたようだ。彼らとさんざん口論したあげく、分割払いの初めの分を渡した。そしてそれは車夫たちが西域へ機械織の綿布や煙草を密輸するための資金になった。また、苦心して大学から出してもらった金で買った馬車は、どれも密輸品を隠すための偽装用の背もたれが増設されたため、だいぶ狭くなっていることに、後になって気がついた。それらの戸棚には煙草がいっぱい詰め込まれていたが、その値段は汽車が進むにつれて毎日が上がっていった。帰りの旅には彼らの密輸品はもっとぎっしりと詰められた高価なアヘンに変わっていた。六個星のついた旗と罪のない外国人が一緒だったおかげで、それらのアヘンは幸運にも税関の警戒をすりぬけることができたのだ。

　もちろん夜明け前に出発するつもりだったのだが、案の定、ようやく出発することができたのは正午の一時間ほど前だった。というのも、夜中までかかって五台の幌馬車に荷物を積み込み、寝る前にすべて準備ができていたはずだったのに、明け方になってほとんどやり直しで、この旅のため

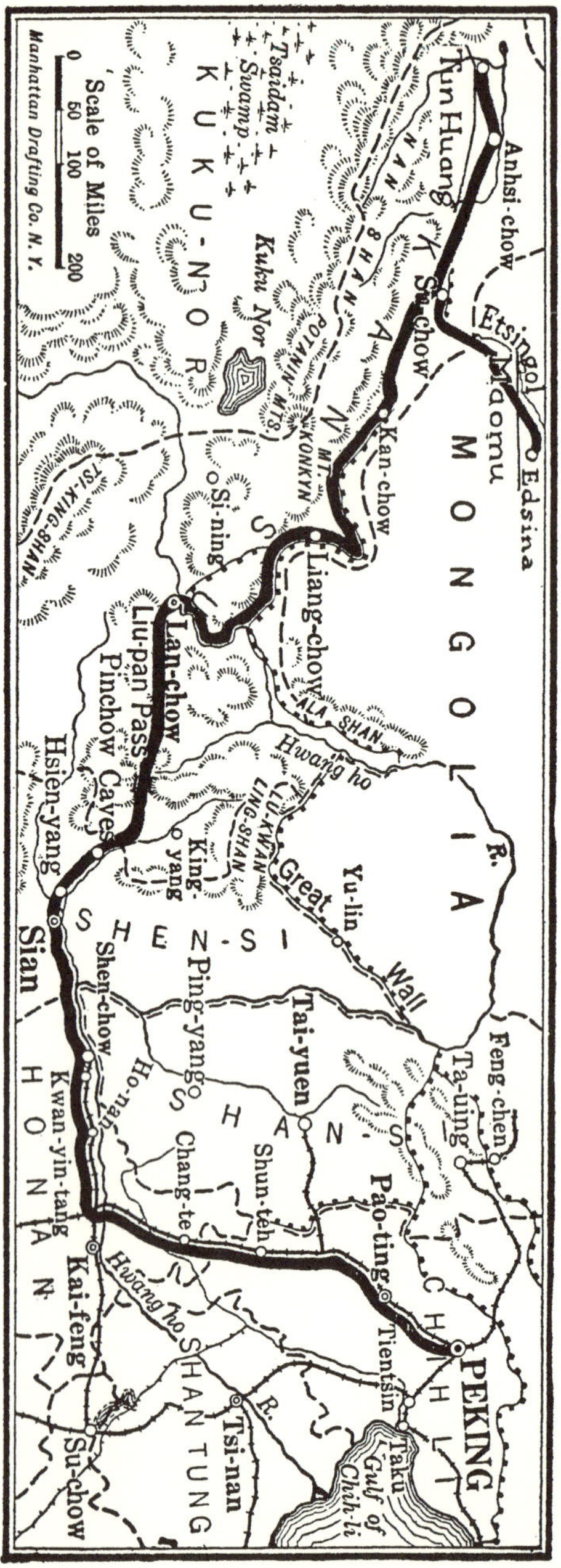

中国の長い古道

有史前、北の砂漠とチベット山地の間にあるこの道を辿って、陶芸品がゆっくりと部落から部落へと伝えられたと思われる。2100年ほど前、ある軍隊からなる探検隊がこの道を通って遠く中央アジア、たぶんカスピ海にまで到達したことがある。仏教の巡礼者たちはこの道を通ってアフガニスタンからインドに行き、仏典をもたらした。またローマの貴族たちのために絹がこの道を運ばれたし、翡翠や小型の馬がこの道を通って西から中国に持ち込まれた。世界大戦以後、数千人のロシア人難民がこの道を通って亡命してきた。今日でも羊毛、ラクダの毛、干し葡萄、小型の馬などがこの道を通ってトルキスタンから中国に運ばれている。鉄道が年々延びてはいるが、もし北京から辺境の新疆まで馬車で行くなら10週間はかかり、そこからインドまではさらに3ヵ月かかる。

に新しく買った馬具を私たち外国人の道具箱からひっぱりだしてきた紐で、縛り直さなければならなかったのだ。

ジェイニと私にはそれぞれ自分の馬車があり、秘書と通訳を兼ねる王にも専用の馬車、それから、ボーイは料理人でもあるので、当然一行の中でいちばんいい馬車をあてがわれた。彼はその後何ヵ月もの間、モンゴルで駱駝の背に高く積み上げられた荷物と柔らかな羊皮の上に無理やり乗せられた以外は、昼間はいちどもその馬車から離れることがなかった。

最初の数日間は、晩夏の太陽が照りつける埃っぽい隘路を行った。峡谷を抜ける道には数えきれないほど轍が刻まれており、泥の断崖がしばしば四〇フィートもの高さで両側に迫っていた。そこでは道が狭いためか、かなりの長い距離なのに、私たち探検隊一行を追い越していく馬車は一台もなかった。私たち一行は、目に見えないほど細かい土埃を汗で額にはりつけながら、数時間その塹壕のような峡谷の中をとぼとぼと歩きつづけた。汚れた黄色い軍服を着、ぶかっこうな足に黄色い布を巻きつけた護衛の歩兵たちが、前後から私たちを押し包んでいた。突然、先頭のほうから汚い言葉をののしる嗄れ声が聞こえてきた。どうやら、先頭の馬車が東に向かってくる馬車隊の先頭と出くわして、白人二人の私たち一行は油脂でぬるぬるする車軸と切り立った泥の壁の間に押し込められてしまったようなのだ。無数の馬車が営々と前に進みつづけたが、いずれもが道路の状況をさらに絶望的なものにしているという事実を、どちらの車隊も気づいていなかった。先頭の車輌の御者は、どちらも蝸牛のようにゆっくりと前進した。彼らは五分間もたがいに相手を見つめ合いながら、どちらも大声でどなって相手を止まらせようとしたり、あるいは車輪が絡み合う前にもっと広いスペースを探そうとはしなかった。前方で道の端や側溝に立ち止まっている兵士たちは、そんなことをするのは軍人としての威厳を損なうとでも思っているのか、接近してくる連中に警告を発したり、後ろの私たちを振り返って叫んだりしようとはしなかった。

ほっておくわけにもいかず、ジェイニと私は埃の嵐に向かって突進し、近づいてくるラバの頭を捕まえようとした。だが、向こう側の車夫たちは罵ったり、ぎゃーぎゃー叫んだり、地面に唾を吐いたり、あるいは急停止して悠然と煙管をふかしながらにやにや笑ったりしていた。それから二時間ほど騒動はつづいたのだが、まるで五時間も経ったような気がして、くたびれきってしまった。私たちは荷物の積み重なった馬車の脇や下で身を屈めたり、ラバどもの雑然と並ぶ頭や足の間を行ったり来たりして引いたり押したりした。さらにいくつかの馬車を端に押し、他の車を引き上げたりしたのだ。まるで小魚のように埃柱の中を右往左往し、ジャックストロー(小片を積んでそのひとつを抜き取るゲーム)でもしているように、積み上げた荷の中から荷物を少しずつ取り出したりした。また、後から後からやってくる馬車をおしとどめるために兵士たちを前方にやり、従順な車夫に馬具を取り外させるよう王とボーイに命じたりするほかなかったのだ。やっと混乱状態から逃れ出て再び前に進むことができるようになったときは、顔は白い土埃のマスクをすっぽりと被ったようになっていて、汗が流れた跡だけが黒く筋状に見えるありさまだった。

この塹壕のような道を歩く間は、日に何回となく同じような事態に遭遇して、立ち止まることを余儀なくされた。だが、ジェイニと私はその後は騒動に介入するようなことはやめてしまった。普通の中国人旅行者のように静かに馬車に座って、車夫たちが難局から脱出するためにベストを尽くすのを見ているほうがいいと悟ったからだ。それでも、アメリカの交通警官のやり方や私たちのような能率的な考え方をすれば、こうした不可避の渋滞でも一〇分ぐらいは短縮できるのではないかと思ったりしていた。馬車の中か、あるいは騒動から離れて断崖の上に座りながら、青い服の上にスリムな短コート、乗馬ズボンで馬に跨がったニューヨークの交通警官が、賑やかな五番街からやってきてここに現れたら、何が起こったのかいぶかしく思うだろうと想像したりしていた。

沿道の村々では武装した人たちが多く動きまわっていた。三日前にこの辺りで中国人の商人が強盗に襲われて殺されるという事件が起こったらしい。役人たちもそれ以上放っておけなくなって、一〇〇〇人もの軍隊を動員し、討伐しようとしていた。村の人たちはほとんど被害に遭うことはなかったようだが、彼らの息子や兄弟の多くが強盗のメンバーだったことはまちがいない。そうでもないと彼らは荷物をたくさん積んだ馬車を引いて村外に行かなければならないとき、やむをえずデーン税（イギリスで十〜十二世紀、デーン人が侵入した際徴収した税）を納めなければ、彼らの安全が保障されないのだ。しかし、私たちは拳銃をしっかり握って馬車のそばから離れず、ジェイニは腰に自動拳銃をこれ見よがしに革ひもでつっていた。私たちは隘路の縁に沿って固まって行進した。それならば、射撃のうまい強盗でも、断崖の上で腹這いになって真下に向かって射つしかないからだ。そんな緊張した雰囲気の中で一時間ぐらい進み、なんとか無事にそこを通り過ぎることができた。善良な農夫たちが犂を曳いた小さいロバを追い使うために声を立てていたが、別に私たちを追い立てるためにしているわけではなかった。まちがいなく南に一マイルほど行った低い丘の後ろで、少なくとも三〇人ぐらいの旅行者が追剥にあったことがあるという。しかし見たり感じたりする限り、そんなことはありそうもなかった。

雨季は過ぎたといっても、俄雨や河川の氾濫した道に遭遇する恐れがあると注意されていた。それでも最初の一週間は、道をはげしく濡らす冷たい霧雨が降るくらいで、それも道の埃を洗い流し私たちを気持ちよく歩かせてくれるものだった。初めのころに泊まったいくつかの宿は、おそらくこの七ヵ月の旅でいちばんましなところだったのだろうが、それにしても、それらの宿の汚さは未だに記憶に残っている。村の通りに面した宿は二つの大きな門扉が内側に開いていて、五台の馬車ががたがたと中に駆け込み、重い荷を解かれたラバが汗だらけの体で柔らかく心地よい毛布の上に転がったとたん、邸内は埃で息苦しいほどだった。どのラバも自分の場所を選び、まるで暖炉の前の敷物に寝そべる牧羊犬のように一、二回くるくる回ると、そこへ疲れたように倒れ込んだ。ラバたちは痙攣するように脚を蹴ったり尻尾を振ったりして体を転がそうとしたが、ごつごつした背中がいつも邪魔になって、そのため全身を望みの位置に納めるまでに四本の脚を空に向けて十数回もの猛烈な試みを繰り返した。そのうち電光石火、この痩せこけた連中は元気良く立ち上がると速歩で邸内を駆け、他のラバたちと連れ立って水を探しまわった。水と餌を待つ間も彼らは邸内のあちこちをうろつきまわり、雌豚を追い立てたり腹を空かせたロバの鼻先からずうずうしくも飼い葉を盗み出したりした。車夫たちと宿の主人との間で喧しく値段を掛けあう声もやがて静まった。長い袋に入れられた刻み藁が砕いた豆とかき混ぜるために幌の向こうへ放り投げられ、水がじゃーじゃーと桶に注がれ、刻んだ藁が混ぜられた。ラバたちは再び気ままに寝転がり、ときには傍らの馬のあばら骨に乱暴にぶつかったり、雌豚が悲鳴をあげるほど追っかけまわしたりした。めんどりたちは騒動の中でばたばたし、飛び跳ねるラバの足で踏みつけられないように逃げ回った。司祭が着る白いローンの袖と黒いチョッキを着た牧師のような姿のカササギは、籐製の餌皿に入った豆を食べるチャンスを狙っていた。人間を含めて、中国のあらゆる生き物の中で、カササギは最も清潔

交通渋滞

かつ優雅な動物といっていいだろう。彼らはこの国の他の生き物と同じように、いつも汚れた環境の中で生きているが、その絹のような黒い尻尾の華麗な虹彩や司教のローンの袖のようなそれは、大聖堂の中庭の薄暗がりの神秘さを思わせる。だが実際には、彼らは低俗な聖職者のように真理もよく知らず、盗み、わがまま勝手に振る舞い、弱い者を苛め、さらに自慢げに糞の山の上に立って、神聖さを汚すのだ。

宿の敷地はぐるりと客室で取り囲まれていた。土で出来た客室はいずれも床の半分ほどが炕《カン》、すなわち壁に沿って造られた高さ二フィートほどの土壇で、冬にはその下に火気を通してベッドを暖めるための装置で占められていた。ジェイニと私はその土壇の上に折り畳み式の軍用簡易ベッドを据え、その脚がベッドに這いあがる蚤の軍団を防いでくれるのではないか、とはかない望みを抱いていた。以前、ベッドの脚をそれぞれ油皿の上に乗せることで多少の効果を得たことがあったが、今度の旅ではそんな念入りなことをしなくても、私の干からびた皮膚には虫も見向きしないのではないかという気がしていた。事実、先に到着していた護衛兵の蚤が私の皮膚を一寸刺したところ、まるで食卓に出すのも無駄といった感じで、こっそりやってきた蚤たちは、何もしないで立ち去ったのだ。ところが、蚤たちはジェイニのところではいい餌にありついたようだった。最初の夜、何やら得体の知れない音に目を覚まされてとび起き周囲を見回すと、大きな土塊のようなものが目に入った。それはブンブンと音を立て白い光をちかちかさせながら蠢いていた。私はしばらくは夢見心地でエセックス州の沼地を飛び交う牧草地の雲雀を見ているような気がしていた。だが一分後、その土塊が実はジェニであることが判った。彼は防虫用に買ってきたシーツで全身を包み、小さな手動式懐中電灯のレバーを激しく動かしながら、布団の中で彼を苦しめるものを捜していたのだ。そしてそれから数ヵ月、彼はそんな状態で夜を過ごした。だが寒くなると、懐中電灯のブンブンいう音はにぶくなり、時折毛布の寝袋からかすかな光が漏れるだけとなった。その寝袋の中では、ジェイニがのたうち回りながら電光を閃かせ、息詰まるような暗闇を悪魔のような相手と戦っていたのだ。

朝六時に目が覚めた。料理人が私たちそれぞれに鬚剃りと水浴び用の水を入れた錫製の器をひとつずつ持ってきてくれたので、「ヤッホー!」と声をあげた。その洗面器はじつに素敵なしろものだった。おかげで私たちは、それなりにきれいになっただけでなく、全身からタール石鹸の香を漂わせたので、その匂いでこの後は虫刺されを防げるのでは、と期待したのだ。旅の初めの頃は、コーヒーや卵付きの本格的な朝食を取ったことがあったが、それは宿の竈か、あるいは私たちが持ってきた貴重なヨット用小型石油ランプで沸かしたものだった。昼は休憩所に立ち寄って一時間ほど休み、ラバに餌をやったり、夕食の残り物で作ったサンドイッチを食べたりした。

ようやく塹壕のような道から離れ、見渡す限り綿やキビの植わった畑を眺めてほっとした。どちらも背が高く、円錐花序のものだった。道中の渇きをいやすため、仮小屋で売っている黄色い果肉の美味しい西瓜を食べたり、道端で小さくてうまい柿を買ったりした。その柿は北京のものほど大きくはないが、汁がとても多かった。右の方にはキラキラと陽光を映す黄河が間近に流れ、道の両側には鋸状の豪華な山脈が整然と並び、まるで行軍中の編隊がよじ登っているかのように聳えていた。

三日目に前方からやって来た馬車は、ラバの両側に柱を吊るして危なげに並べた担架を揺らしながら駆けてきた。それに乗っている陽気なイギリス人宣教師は西安の駐在地から北京へ向かう途中で、私たちに大声で挨拶をした後、前方の道はそんなにひどくないと教えてくれた。

その夜泊まった宿の庭は、奇妙なところだった。その敷地は高台の地面を掘り出して造られており、大きな冬用の貯蔵倉庫と馬小屋が黄土の中に掘り込まれていた。私たちの頭上高くに小さな寺院があり、クモの巣に覆われた参道に泥製の小人像が所狭ましと並んでいた。

例のように転がり回るラバが騒がしく、そのうえヒステリックな雌鳥や気どったカササギも仲間入りをして、邸内を賑わしていた。私は小部屋の門柱に凭れて日が落ちるのを眺めながら、外国人の私がなんと早く中国の旅の生活に慣れたことか、などを考えていた。黄色い軍服を着た兵士が私の前に立った。彼はこの治安の悪い辺境の地できちんとした身なりをしてはいたが、どことなく身のこなしに変わったところがあった。彼は両足の踵を弱々しくカチッと合わせ、私に向かって丁寧に敬礼した。それからなんと、いきなりロシア語で話しだしたのだ！　私の眼前からは転げ回っているラバも土埃もたちまち消え去り、シベリアの雪の上に積み重ねられた鉄道の枕木が、夜空に向かって大きな炎を上げるのが見えた。私が耳をそばだてる低い歌声はドン川のスゲの中に漂う流木の歌なのに、鬚に覆われた唇に白い歯を焚き火で輝かせているコッサクたちは、その大きな川を見たこともないのだ。彼らはもともとロシア東南部のウスリー人だったが、モンゴル人の養母にブナの碗で栗飯と馬乳を与えられて育った。その碗は神聖な五台山から切り出したブナの木で造られたもので、碗を厚く縁取りしている銀は、船で運ばれたメキシコ産のドル硬貨を打ち延ばしたものだった。

突然また私の意識は、その薄汚い兵士と、相変わらず土埃の中を転げ回っているラバどものほうに引き戻された。初めロシア語で話そうと試みたが、挨拶ぐらいしかできない私のロシア語では役に立ちそうもない。ついにあきらめて大声で王を呼び、その通訳でこの只の乞食の中国語で並べ立てる泣き言を、おとなしく聞くことにした。おもしろいことにその男は、かつてロシアの長官を守るために派遣された小隊とともにモンゴルに戻り、それからシベリアに行き、さらにヨーロッパ・

都市の城門

北西の道を通ってトルキスタンから運ばれた綿

ロシアにまで行ったという。そこに二年ほど駐留し、そこにいる間にロシア語を習い覚えたということだった。彼はほとんどの中国兵士と同様、靴とズボンが欲しいというが、残念ながら私は軍事物資配給所にいるわけではない。彼は、自分はかつて立派な主人に召し使われたいと言い、西洋式のやり方にも通じているから、きっといい召使になるだろうという。だが、彼の盗み見するような目つきは信頼できなかったし、これ以上召使いを雇うつもりもなかった。それでも彼は、あの雪の中のシベリア式キャンプファイアーの瞬く間の鮮鋭な光景を私に見せてくれたおかげで、なにがしかの金を手に入れることができたのだった。

第二章　古代中国の都、西安

六日目の夕暮れ、果てしない旅路を歩いているかのような気分でいた私たちも、日が沈む前、汗と埃にまみれてようやく洞仙（現臨潼）という山麓の小さい町にたどり着いた。ここから西安までは、馬ならばたったの数時間という距離である。西安の上流階級の人びとは温泉（華清池）を楽しむために、季節を問わずこの地にやってくるのだ。かなり時間をかけて山裾の斜面を登り温泉に着くと、そこは軍隊が占拠していた。新しく建てられた兵舎の前では兵士たちが馬跳びや鉄棒で調練をしていた。私たちはタオルをぶらぶらさせながら、大きな門の傍らに立つ衛兵のところに近づき、指揮官宛てに「来訪者あり。入浴を希望」という何やら風変わりなメッセージを記したカードを手渡した。

門の内に招じ入れられると、そこには中華文明のかすかな名残りがあった。これらの温泉は紀元前の何世紀も前から皇帝たちに保護されてきたのだ。壁に嵌められた石板には十世紀の王侯貴族や文人らが訪れた記事が刻まれていたが、彼らの多くは歳とって初めて、温泉に体を浸すことの気持ちよさを知ったようだった。そして、十世紀のひとりの皇太子が、この新しい体験を石に刻み記す価値があると考えたらしい。

やがてここは皇室用の園遊地や別荘地ではなく、個人用の冬の保養地に変わり、さらに西安からやって来る裕福な商人や官吏たちの週末の社交場所になった。湯煙の立つ池の中ほどに大きな幕屋があり、そこへ向かって架けられた何本かの不安定な橋を渡って行くようになっていたが、そこはいま軍隊の指令本部になっていた。その幕屋の支柱に下げられた細長い「ブエナ・ヴィスタ」はいまにも壊れそうにボロボロで、シナ風の繊細な市松模様には紙が貼られていなかった。現在ではもう皇太子や歌姫を連れた官吏たちが、それに寄りかかって山間の景色を眺めることもできそうになかった。かつてはそこに華やかな天幕が張られ、湯煙の立つ池には小さな遊びの舟も浮かべられ、湯船の傍に建てられた小屋には慌ただしくガウンを着た人びとが絶えず出入りしていたはずなのだが。ジェイニと私はひとつの湿った部屋に入ってざぶりと湯に浸かり、贅沢に石鹸で体を洗った。その部屋は岩を穿ってぬるぬるした階段が作られ、温泉池に降りるようになっていた。熱い湯で身をほぐし、すっかり気持ちよくなった私たちは、ぶらぶらと旅館に戻ったが、全身からいい香が漂い、すごくきれいになったような気分だった。

翌日の午前中、私たちは二輪馬車の傍を息苦しくなるほど歩きつづけて、ようやく西安の城門をくぐった。西安は陝西省の都で、少なくとも五回、中国の首府になったことがある。一〇年前、私はここに来ようとしたことがあったが、その路は「白狼」の率いる大強盗団の勢力下にあって、旅行者は誰ひとりとして鉄道の終着点より西へは行くことができなかったのだ。いま私たちはようやっと西安にたどり着いた。しかしそこは、反対側の城門をくぐってトルキスタンの辺境に向けて長い道に乗り出そうとする私たちにとって、もはや「世界の果て」、すなわち最終の目的地ではなかった。とはいえ、ここでもすでに充分、古代中国の雰囲気に浸ることができた。そこには、インドから仏典を運び、それらを梵語から漢語に精魂込めて翻訳した、七世紀の巡礼者玄奘が葬られていたし、また法顕も四世紀の末年、仏陀の足跡を辿るために仲間とともにこの都を出発したという。彼について友らは語る。

彼の労苦が多大な成果をもたらしたのは、皆が大切にしているものではなく、忘れられたものを尊重したからだろうか？

それは異国にある旅行者、とりわけいま中国にいる私たちにはとても参考になった。というのもこの地では、感嘆するほどすばらしく精緻な文物が、残念なことに人びとが生活のため絶えず鋤で掘り返し破壊さる状況にあったからだ。

この都は唐代の最盛期には、朝鮮やペルシア、あるいは小国ルチェス、さらにビザンティン帝国や北方・西方の国々から朝貢を受けていた。またチベットやパンジャブと往来し、ギリシアの将軍に率いられたスキタイ人たちが短期の戦争の間に彼らの文化を残していった。また第二代の太宗皇帝は皇子のころ、騎乗する妹を傍らに伴い、王朝（中王国）を再び建てるためこの地から侵略者に対する反撃を始め、新しく輝かしい歴史に満ちた二世紀をスタートさせたのだ。彼は最後に、侵入してきたトルコ人をうち破って皇帝となるのだが、それらの戦争において侵略者を撃退したばかりでなく、彼らの臣従をかちえて中央アジアの覇者となったのだった。当時の西安の城壁外には多くの外国使節団が野営し、宮廷の料理人たちは駐屯する賓客や護衛に供する料理を用意するために懸命に働いたことだろう。皇帝のお抱え詩人は皇子たちが参上するたびに賀辞を申し述べなければならなかったが、幸いにも当時の文学的な慣わしから、少ない音節の詩を読めばすんだのだ。哲学者や歴史学者や地図作製者たちは、皇帝の庇護のもと宮廷の文庫で仕事をし、インドから来朝したての聖者たちも宮廷で説教したことだろう。彼らは皇帝に仏陀の穏やかな世界を伝えたばかりでなく、高原の道を超えた向こうにある大国の状況や、さらに皇帝の進軍を妨げる好戦的な諸族の情報をも伝えただろう。

太宗は西安の町から二〇マイルほど離れた陵墓に葬られ、周囲には随従した重臣たちの墓が群在したという。陵墓の近くには六頭の巨大な石馬が建てられていたが、それは彼が戦場で乗った馬を形どったものだった。現在それらは元の場所から移され、うち四頭は西安の市内に運ばれて小さな博物館の庭にひっそりと置かれて、幸いにもアメリカ・ドルの手から逃れている。一方、アメリカに運ばれた二頭は、少し損壊してはいるが、ペンシルヴェニア大学の博物館に誇らしげに飾られている。

今日、西安の情景は十三世紀以前のそれとはだいぶちがっているが、大きな変化はなかったと言ってもいいだろう。私たちはイギリスの宣教師たちと一緒に貧救院の構内で、慣れ親しんだ家庭的な料理を食べ、彼らがこれまで長いこと、日々中国の人たちの過酷な生活と戦ってきた話を聞いた。そのことで、これから味わうことになる中国人の生活の厳しさを、実感をもって知ることができたのだった。

だが、この町の本当の面白さを知るには、町の中に住まねばならない。私たちは宮廷料理ではなく、宿屋のうす汚い食事を親指で摘まんで食べた。私たちが見たのは、宮廷貴族や尊大な聖職者たちの立派な行列ではなく、手足を縛られた三人の囚人を乱暴に追い立てながら舗装された大通りを足早に行く、二本線の入った黄色い制服の兵士たちの不気味な一隊だった。彼らは私たちのところから一〇〇ヤードほど離れた場所に止まり、たったの一分も経たないうちに囚人らは首を切られ、哀れな死体が転がされていた〈幸いそれを見なかったが〉。それから兵士たちは摺り足で走りつづけ現場を離れていった。遺体は腐肉となって掃除されるまで、そのまま捨て置かれるのだ。

興味をひかれた店はわずかしかなかった。北京の商人たちばかりでなく、ロンドンやパリやニューヨークの商人たちからも、さまざまな古代の青銅器や宝石が西安に集められていると聞かされていたが、どの店も、発掘者の住む周囲の田舎が豊かになり整備されていることを暗示していた。自分の畑で掘り出したり、河川の氾濫で山腹から流れ出したのを見つけて農夫たちが持ってきた陶器の破片ばかりでなく、中には文様の描かれた青銅器の破片、戦車の装具や馬具、棺の飾り具などもあり、ときにはまだ金片がついていることもあったが、多くは疑いもなく古いもので、用途不明だった。それらのほとんどは一種の模造品（明器のことか）で、そうした模造品は地方の町でよく見られるものだった。いちばんいい物は必然的に北京の方へと流れていった。

骨董商の馬老人は、アメリカで最も有名な中国研究者であるベルトルド・ローファー博士の友人であり助手でもあったというが、その店にはさほど価値あるものは置かれてなかった。それでも旅の帰途、殺された端方総督の私印のある拓本を一揃、驚くほどの高値で購入した。彼の名前とそのロマンティックな死は、東洋と同様に西洋においても、中国の芸術や歴史に詳しい人びとの間ではよく知られていた。馬氏の膨大なコレクションから多くの石像や青銅器がニューヨークやワシントン、ボストン、さらにヨーロッパのさまざまな町の博物館に運び込まれた。私たちはこれまで、業者の怪しげなルートを通してもたらされる目録と蔵品を熱心に研究し、それらについての彼の判定と芸術的評価を間接的に説明されてきた。ありがたいことに彼の朱印が押された蔵品の拓本は最終的にハーバート大学博物館の図書館に保存され、そして学生たちに大事に使われている。

ところで、西安で、というより中国で最も興味深かったもののひとつは「碑林」（石碑の林）だった。ブリトン人（古くブリテン島に住んだケルト人）が自分の身体を青色で塗り、ヨーロッパがまだ未開の地だった時代に、これらの滑らかに磨き上げられた石の板には、皇帝の命によって古代中国の伝承がすでに刻まれていたのだ。後の混乱時代にはそうした石碑を作ることは禁じられ、多くが破壊され、また消失した。しかし今日では残されたものはすべて、後世に作られた数百個の石碑とともに長い屋根に覆われた建物の中に納められ、そこでは拓本業者が北京の学者や文人に売りつける拓本を取るために、毎日濡れた紙を木槌で叩き、刻まれた文字に埋め込んでいる。九世紀に刻まれた一連の碑文は千回を超えるほど拓本に取られ、小学生の習字の手本として使われてい

彎曲する渭河

拓本をとる職人

る。それらの文字は完璧な書体とされているからなのだ。

ここにはまた、かの有名なネストリウス派の石碑（大秦景教流行中国碑）も立てられており、石碑の上方には十字架が刻まれていた。碑文には「最も有徳なるアロプン」とその他の修道士にたいし、首府で教団組織を設立し純粋な教義を説くことを皇帝が許す旨、記録されていた。この石碑の前に立つと、プレスタージョンとその伝説のローマ教皇使節、それら献身的なネストリウス派キリスト教徒――もし彼らをキリスト教徒と呼べるならだが――さらに中国に関して中世の西洋で信じられたさまざまな怪しい情報のことが胸に去来する。この碑はマルコ・ポーロもしくはプレスタージョンより数世紀も前、紀元七八一年に建てられたものだが、中国に残るものとしては、遠く隔たった東西間の手探りの交渉のようすを、何よりも明快に語っているといえよう。

ネストリウス派の石碑が私たち西洋人の過去における他地域と緊密な関係をいかに物語っていても、私が碑林に探し求めていたのはそんなものではなかった。私は探しつづけ、やっと薄明かりの中に頭上高く黒い石の板を一枚、さらに五、六枚見つけた。その表面にはみごとな表意文字が深く刻まれており、厚い縁には精緻な花の模様や獣や半獣神の図が彫刻されていたが、私は拓本でこれらの図柄に二〇年も前から馴染んできた。アメリカの書斎にはそうした拓本が架けてあり、それを見ながらいつも、いつかその現物を見たいと夢見ていた。いま、指で現物の繊細な輪郭を慎重になぞっていると、それらは表面に刻まれた荘厳な古代の文字よりも、遠い過去をもっと雄弁に物語るかのように思われた。

数世紀もの時間を抜け出して日の光の中に戻ると、碑林寺の並びにある店をひやかしたりして二時間ほど楽しく過ごし、墓碑の大きな拓本をいくつも買った。

西安では家を出て歩いていくと、市の中心部で交わる四本の道路にまたがって建つ大きな鼓楼の下に自ずと出る。そこには日が射さず、乞食たちが古色蒼然とした泥土の中にうずくまっていた。そばには赤い胡椒がむき出しに大きく盛られ売られているが、まるで薄暗い鍛冶屋の中に燃える炭のようだった。その横には二フィートもある紫色の茄子、そして日除けのところには冷えた水をかけられて艶やかな薄緑色の西瓜も積み重ねられていた。それらの屋根や店構えはなにか古代風で、北京よりずっと古臭く穏やかに感じられた。苔むした屋根瓦はいまにもくずれそうで、どの中国の町の屋並ともちがっていた。屋根の棟は平たい花や果物の模様を縁飾りした灰色の瓦で葺かれており、それらは、十二世紀の画家たちが遠くの山々や滝の傍に建つ山中の尼寺を薄墨色で描いた景色を思い起こさせた。おそらく北京も、列強の公使館職員がやってきて偏頗な下水道施設などを建設するまでは、そんな場所だったのだろう。

第三章　西域へ

西安を離れて西域へ旅立つ人にとって、城壁を出てから最初の一五マイルはとても忘れがたいものとなるだろう。その一歩一歩はまさに神聖な土地を行くといっていい。作物の生い茂った中を馬車の轍がつづき、その跡を進む私たちの両側のそこここに見える土塁や土製のピラミッドは、草に覆われて農民たちの鋤で壊されていない。そしてそこには中華帝国を創った初期の皇帝や王たち、あるいはその側室たちが葬られている。それらの墳丘はきわめて神聖なものとされており、誰もその周辺を掘ることは許されておらず、その中にどんな宝ものが埋められているかを推測することもできないのだ。

中世、あるいはもっと古い時期に、それらの墳墓の中の金銀財宝は大規模に盗掘されてしまい、いま、考古学者はその盗掘がどれほどひどいものだったかを思い知らされている。今日ならどこの博物館でもガラスケースに入れて誇るべき収蔵品とされるような焼き物を、盗掘者はまったく無視したにちがいない。優美な青銅器のほかには目もくれず、私たちが過去の生活の様相を再構築するうえできわめて意味のあるこの小さな遺物類を放擲してしまったのだ。

まもなく、盗掘者どもが彼らの先祖が残した物を外国の市場に売りとばすために、ひどいやり方でそれらの墳丘を再び掘るか、あるいは特別に許可を受けた科学者たちが測量器具やカメラを持ってやってきて、渭河周辺の王墓をほじくり返すかもしれない。そのときになってはじめて、王族たちがどのように埋葬されたのか、どんなすごい副葬品があったのか明らかになるだろう。きっと繊細な青銅器や翡翠、儀礼用の牛車や足を跳ね上げた軍馬の模造品などが副葬されているにちがいない。それらの墳丘は私たちが見渡す限り遠くまで、大小さまざま、近くにも遠くにも散在しており、発掘者を誘惑せずにおかないように思われた。

そんな一五マイルほどの長さの誘惑に満ちた道をゆっくりと通り越し、気がつくと満々と水をたたえた渭河の岸に着いた。そこには方形の大きな平底船が数艘泊まっている。私たちは竿で操るこの舟に乗って向こう岸に渡るのだ。川岸の近くにささやかな定期市が開かれていた。食べ物の屋台が数十軒あって、どこでも油の大鍋の中に練った粉の塊がはねており、灰色のマカロニのような糸状のものを汚い手で板の上に並べていた。ラバが耳を垂らし背中を地面につけて眠っているあいだ、車夫たちはあちこちでしゃがみ込み、湯気が立つ椀を賑やかに啜っている。

　西瓜の種を吐き出しながら見ていると、巨大な梱包用の箱のような平底船が、ほとんど水夫とは思われない巧みな竿遣いで、川岸に横づけされた。それから古びた厚い板を舷側の縁に渡し、馬車を人力で甲板に引っ張り上げた後、ラバを乗せた。それを見ていると、ラバには二つのタイプがあり、まったく異なった性格を持つことがよく分かる。ひとつは、ぞっとするようなわめき声で鞭を打ち、後ろから追いたて、前から引きずらなくてはならないやつで、もうひとつは遠くから船を見ただけで、戦場にでも赴くように勢いよくその甲板に駆け込むやつ。このタイプのラバは、耳や尻尾や足など掴まえやすいところを掴んで引き止めないと、甲板を乗り越えて船の向こう側に落ちてしまうかもしれないのだ。そうやってラバを全部船に乗せ、馬車の間に挟んで動けないようにして、やっと安心することができた。向こう岸に着くまでのあいだ、興奮した一頭の雄ラバが、甲板を踏み破って船底をドンドンと踏みつけたので、厚い舟板が割れてしまうのではないかと気が気でなかったが、そのほかは無事だった。そのラバは水平の棒に顎をひっかけた格好でいたので、船が向こう岸に着いたとき、苦力《クーリー》（人夫）たちに鼻を掴んで穴から引っ張り上げさせ、もういちど甲板の上に立たせなければならなかった。

　舟は急流にさからわず、川幅の二倍もの距離を下流に流されて川を渡った。苦力は私たちを汗だらけの背中に背負って乾いた砂地に下ろすと、急いで船に戻ってラバを甲板から追い立て、それから荷物の積まれた馬車を、岸に向けて架け渡した厚板をギシギシいわせ舟から下ろした。私たちは咸陽の町の城壁の下に着いたのだ。高く聳え立つ城門には要塞が築かれ、そこに向かって一本のジグザグの道がつづいている。

急流に面して切り立つ断崖上のその町には、まったく活気がみられない。町を一〇分ほど歩くとその訳が分かった。町のあちこちで阿片用の小さな土製の煙管を売っている。そして寺の中の塀の陰には煉瓦を枕にした男たちが、中国人であることの運命や貧困であることも忘れて、襤褸切れのように心地よい眠りをむさぼっていた。崩れ落ちそうなひとつの大きな寺の庭だけでも、そんなようすの者が二〇人あまりもおり、どの男も痩せこけた身体をぼろぼろの布団にくるみ、煉瓦の角に頭を乗せている。いずれの傍にも蝋燭とピンと煙管、そして木片や紙の上に塗られて乾いたアヘンが置かれていた。そうした男のひとりの上着に何やら縫いつけられているのが王の注意を引いたらしく、足でその身体をひっくり返した。男の胸のところに一枚の白い紙が付けられており、そこには「この城壁内でアヘンを吸ったり売ったりする者を見つけ次第逮捕せよ」とあって、役所の印が押してある。しかしアヘンを取り締まるべきこの男は、ほとんど覚醒状態になく、麻薬で朦朧としたまま、足でひっくり返えされても怒ることもしなかった。こんな風景に嫌気がさした私たちは、ぶらぶらと城門まで歩き、そこから城壁下の浅瀬に付けられた渡し舟を眺めた。舟には馬車やラバ、荷を負わされた小さいロバなどがぎっしり積まれており、人びとは甲板に積まれた荷物を岸に放り出したり断崖の上まで運んだりしていた。

翌日の朝、霧雨はやがて本降りになった。私たちはその大雨の中をよたよたと歩き、五マイル以上も墳丘の連なる道を通り抜けた。墳丘は川の向こう側よりもっと短い間隔で並んでおり、どれも伝説上の人物に関係しているように思われた。雨でびしょ濡れになってようやっと雨宿りの小屋にたどりつくと、夕方には雨が急に止みほっとした。だが、翌朝の五時、コーヒーを飲み寝袋をたたんで馬車に積み込むときには、またひどく気が重くなっていた。

まさに私たちが恐れていたような雨が降ってきたのだ。あっというまに道は泥沼状態になり、雨水が幌を通して荷物にまで浸みた。レインコートを着ていても歩くことができず、ガタガタと揺れる湿って窮屈な馬車の中に、しばらくぼんやりと座っていた。昼頃になってさらに面倒なことが起こった。車輪のコシキが轍のぬかるみに深くはまって、馬車が動かなくなってしまったのだ。ラバたちも倒れてしまって起きあがれない。普通ならラバは倒れてもすぐに立ち上がるのだが、車輪が泥に深く埋まってしまうと、重い車軸にひきずられて体を泥にとられてしまい、泥の中から必死に引っ張りだしてやらなければならないのだ。

夜が迫っても、一行は相変わらずよろめく足取りで歩きつづけた。ラバは腹がほとんど泥の中に沈んだまま進んでいるので、途中で止まる回数がますます多くなり、かわいそうに泥の纏いついた足をぬかるみから抜き出す元気がだんだんなくなっていった。宿屋のある豊澤という村までどのぐらいあるのかも分からないし、ラバがまたもや泥の中にはまり込んでしまったら、なだめてもういちど立ち上がらせる自信もなかった。だが、一頭のラバがぬかるみに転んでしまい、豪雨の中を一時間も奮闘しても、起こすことはできなかった。蝋燭を覆っている紙は水に濡れてとっくにぐちゃぐちゃになり、蝋燭の火は風に晒されて消えてしまっている。私たちは真っ暗闇の中で絶望的な状態に立ちすくんだ。ジェイニと私は、ひとりの男を懸命に脅したりすかしたりして先に行かせ、村に着いたらできるだけ早く元気なラバと人をたくさん連れてくるよう命じた。

中国ではこういう連絡方法しかないのだが、これが気分を滅入らせるもとでもあるのだ。というのは、こっちの窮状を知らせようとしても、メッセンジャーは急いで伝えようとはせず、向こうに着いてもまず自分の身体を休めることしか考えないにきまっているからだ。しかも、彼が真剣に救援要請をしてくれるかどうかも、あまり当てにはできないのだ。その男が出ていってから四五分ほど経ったころ、ジェイニと私は前進を敢行する決心をした。もちろん私たちはずぶ濡れで腿まで泥沼につかっており、目前にはバケツをひっくり返したような雨と暗闇しかなく、いま以上にひどい状態になるにちがいなかった。そんなわけで実際のところ、初めから終わりまでまったくの災難だったが、言葉に表せないような傑作なこともあった。私はアガク（旧約聖書に登場するアマレク人の王子）のように用心深く歩いてはいたのだが、うっかり道を踏み外してしまい、ぶざまにも手足を伸ばした格好でいきなり泥の中に転んでしまった。やむをえず私がジェイニの足にすがって身体を起こし、手にまとわりついた泥をこそげ落とすあいだ、皆そこに立ち止まるしかなかった。私たちは腹をよじり、叫んだり抱き合ったりして、声が嗄れるほど大笑いした。だがそれもたけり狂う暴風雨のおかげで、一〇フィートほど離れたところにいる車夫たちには声が聞こえず、私たちが気が狂ったと思ったにちがいない。

この傑作なできごとの後、私たちは腰をかがめ、くすくす笑いながら歩きつづけ、何時間かかっても少しずつでも進めればと思っていた。一〇分ぐらい坂道を滑りながらもかろうじて前進すると、前方に微かな光が見えた。ひどい臭いの油が入った割れた皿にくすぶるすすけた灯芯が、あんなにもありがたく思えたことはなかった。もちろん私たちの馬車の車夫は、だいぶ前にそこに到着しており、すぐにも仲間たちの救助に向かおうとしていた。しかし、彼を押しとどめ、直ちに三人の男を泥沼へ救助に向かわせ、もうひとりをラバたちのところに行かせた。ところが半時間ほどして、私たちが服を脱ぎ、まだ食事も摂れないままベッドにもぐり込もうと身体を擦っていると、救助に向かわせたはずの男たちがまだいるというのだ。下手くそな中国語で彼らを叱りつけて約束させ、アヘンを吸い終わった彼らをなんとか現場に向かわせた。それから二時間ほどして荷がようやく着き、料理も出来上がった。私たちは泥まみれの小屋の中で、なおも降りつづく雨で濡れたシーツを避けてベッドに座り、食事をした。だが、五台目の馬車の車夫が途中で仲間にはぐれたため、翌朝の三時頃になってようやく泥沼から二〇〇ヤード離れたこの宿にたどり着いたということを、朝まで知らなかった。私たちは一四時間半も歩いて、一五マイルしか進めなかったのだ。

なんとしても先に行こうと思ってはいたが、翌朝、この後は無理矢理に通らなければならないような道や、通行不能な道に出会して苦闘するようなことはないと分かって、ほっと安心した。雨は相も変わらずひどく降りつづけているし、道は深い泥水に埋まっているし、ラバも昨日のことがあったので、前に進もうとしない。一日小屋に閉じ込められて、アメリカの家族に手紙を書いた。家族は、中国中が泥海になり、私たちがその中の孤島に押し込められているかのように思ったにちがいない。実際、八ヵ月の旅の中でこれほどのひどい雨に遭い、行程が一日遅れたことは一度しかなかった。

秋も深まる中、なお数日間旅をつづけた。どんなに疲れていても、ホームシックに襲われることはあっても、退屈することはまったくなかった。この辺りは深い峡谷や、辺り一面ピンクの蕎麦の花で埋まった段丘が連なっていた。やがて道は狭い溝状になり、一〇〇フィートほど行くと断崖上の小径に出た。そこからは、これまで歩いてきた山沿いの平坦な出っ張りを、数マイル先まで望むことができた。私たちのいる台地の両側には割れ目が刻まれており、畑や村落のかたまった隣の台地と隔たっていて、すぐ近なのに、そこへ行くにはゆうに半日はよじ登らなければならないだろう。夕方になると雲が東西に集まり、その肩口を夕日がすばらしい茜色に染めた。ここでは昼間は暑く、歩くとびっしょり汗をかくほどだが、黄昏とともに涼しくなり、夜ともなれば毛布にくるまって過ごさねばならない。中国ではひとりで気ままに旅を楽しむようなことはめったになかった。これまで歩きつづけたおかげで足は長旅に耐えるほど頑丈になったし、脚や肺も現地の気候に順応するようになったようだ。

三日目、彬州の郊外で彫塑を見つけられればと思い、ロックヒルらが報告している水帘《すいれん》洞の石窟寺院を調査することにした。だが、崩れかかった砂岩の崖壁には小さい穴があいているだけで失望した。だが、三マイルほど行ったところで、山に則して建てられたいくつかの寺とその上下の岩に入口を見つけて、ふたたび希望が涌いてきた。

木造の寺の階段をよじ登り、後ろの岩の窓から崖壁の中に屈み込むと、高さ六〇フィートはあると思われる巨大な石仏の座像が目に入った。両側には脇侍が直立しており、頭上を千羽もの鳩が飛び回って、大仏の髪の毛と頭との隙間に巣を作っている。大仏の真ん中に位置するふくよかな顔や、大仏自身の巨大な全身はすでにかつての荘厳さを失っている。宗教的な補修の加えられなくなった仏像は、彫刻のくっきりした筋がくずれ、古風な衣服のひだは軽やかさを失っていた。しかし頭部の後ろには、同心円の後光が九世紀以来、誰の手にも触れられずにめぐっている。内側の輪にはくっきりした蓮の連弁、次の輪には唐草の蔓、さらにいちばん外側の輪には小仏像が喜悦の中に座しており、その外側に羽衣をまとった天女が舞っていた。この光輪はまちがいなく古代のものだったが、確かな年代の刻まれた石は見つからなかった。その石窟寺院の南壁にはいくつか壁龕が切り込まれており、それらには同時代のすり減った三体仏が残っていた。一組ごとに三体の仏像が離れて立ち、それぞれが背の高い蓮の枝に乗っているが、それぞれの枝は燭台の脚のように下の方で繋がっていた。それらは崩れてはいても充分に優美で、まるで彫刻者が石に描いた図がまだ完成していないかのようだった。

だが、もし崩れた頭飾りの宝石がはっきりと刻られて彩色がほどこされていたなら、衣が深紅で顔が金色なら、私はなんとしてもそれを見に行くだろう。その昔、錦の衣を着けた僧侶たちは、洞窟の壁に掘り抜かれた小さなトンネルをくぐり、薄明かりの中で巨大な像の後ろを恭しく巡ったことだろう。手に手に蝋燭や松明を持ち、巨大な膝の下にしつらえた高い祭壇に向かって経文を唱え

彬州郊外の石窟に彫られた仏像

たことだろう。壁には絵や織物が掛けられており、滑車で引き上げられた灯火が上方の慈愛に満ちた顔を神秘的に照らしていたにちがいない。しかし、いまは鳩が頭上を飛び回り、落とした糞が強い悪臭を放って大仏の衣や、恵みを与えるために挙げた手を汚している。これもまた中国なのだ。私たちが探し求めた古い中国ではなく、慣れ親しみつつある中国なのだ。

私たちはそこを離れる前に、不遜にも仏陀の膝の辺りを這い登った。すると古代の人がどんな仕掛けを施したかがよく分かった。つまりその位置から眺めると、座っている大仏の両側に立っている仏像は、座っている大仏と高さがまったく同じで、膝から足までの距離はとても短く、不合理に見える。しかし、地面で皆が拝む角度から、仏像の上体を遠近法で縮めてみれば、それが足と等距離のように見える。これは意外なことではなく、彫刻者たちは目の錯覚を計算し、意図的にそういう工夫をしたのだろう。こうした技術がいつごろ発達し、仏教徒の芸術家や教師たちによって信仰とともにいつごろインドから伝えられたか、といったことを知るには、もっと勉強するしかないだろう。

第四章　象の石窟

省境を越えて甘粛省に入り、ついに待望の西域にやってきたのだと思った。秋の気配の中、人の背丈ほどにも轍の刻み込まれた道の両側に峡谷の高い壁がつづく一二時間もの行程だった。ここからは、両側に木が立ち並ぶ道となるが、これらは一八七〇年代にイスラム教徒へ向けられた討伐軍の邪悪な痕跡ともいえる。イスラム教徒の中国人農民への残虐行為が筆舌に尽くせないほどのものだったとしても、左宗棠将軍の報復も考えられないほどひどいものだった。アラーを信仰する人は皆斬首され、家はすべて焼かれた。征討が終わったとき、やりすぎたと感じた将軍には皇帝にこれ以上軍費を要求するのがためらわれた。

だが、やがて彼の頭にはすばらしい考えが浮かんだ。皇帝が帝国の緑化に熱心だったことを思い出したのである。そこで将軍は、皇帝の統治を永遠に記念するため、また地元の村人や旅人に恵みを与えるため、北西の道の両側に木々を植えたいと莫大な費用を皇帝に願い出た。資金は下賜され、そして木々が滞りなく植えられたばかりでなく、この勇敢なる将軍の懐には、引退後を成功者として安楽に過ごすのに充分な金が残ったのだ。

道の両側に大きな柳とポプラがびっしりと立ち並ぶ美しい景色は、この一ヵ月の旅の間ずっと、どの丘の頂からも眺められた。それらの木々に縁取られた道は丘や間の平地に沿って曲がりくねり、山間の長い平坦な地を貫いてつづいていた。ところが、とある廃墟と化した町に入って、そんな快適な景色は姿を消した。そこは城壁に囲まれた一辺が半マイルほどの方形の町で、その一角に十数軒の小屋が軒を接して立ち並んでおり、ほとんど裸の少年に飼われた羊が廃墟に草をついばんでいた。この数週間は、うち捨てられた家を人の住んでいる家よりも多く見て、あまり楽しくなかった。

しかし、甘粛省に入ると幸運に出会った。その翌日、宿泊した村から一マイルと離れてないところにそれは待ちかまえていたのだ。町の西の城門の傍を流れる瑞穂という名の小川が、もっと大きい秦河に流れ込んでいて、川の合流する角に円錐形の小山が聳えている。日の出とともに浅瀬を渡り、上方の岩壁を見上げると、洞窟の入口がひとつ見えた。彬州で失望させられた後だったので、さほど期待もせずに馬車を止め、いばらの生い茂った道を登っていった。洞窟の入口付近で早くも

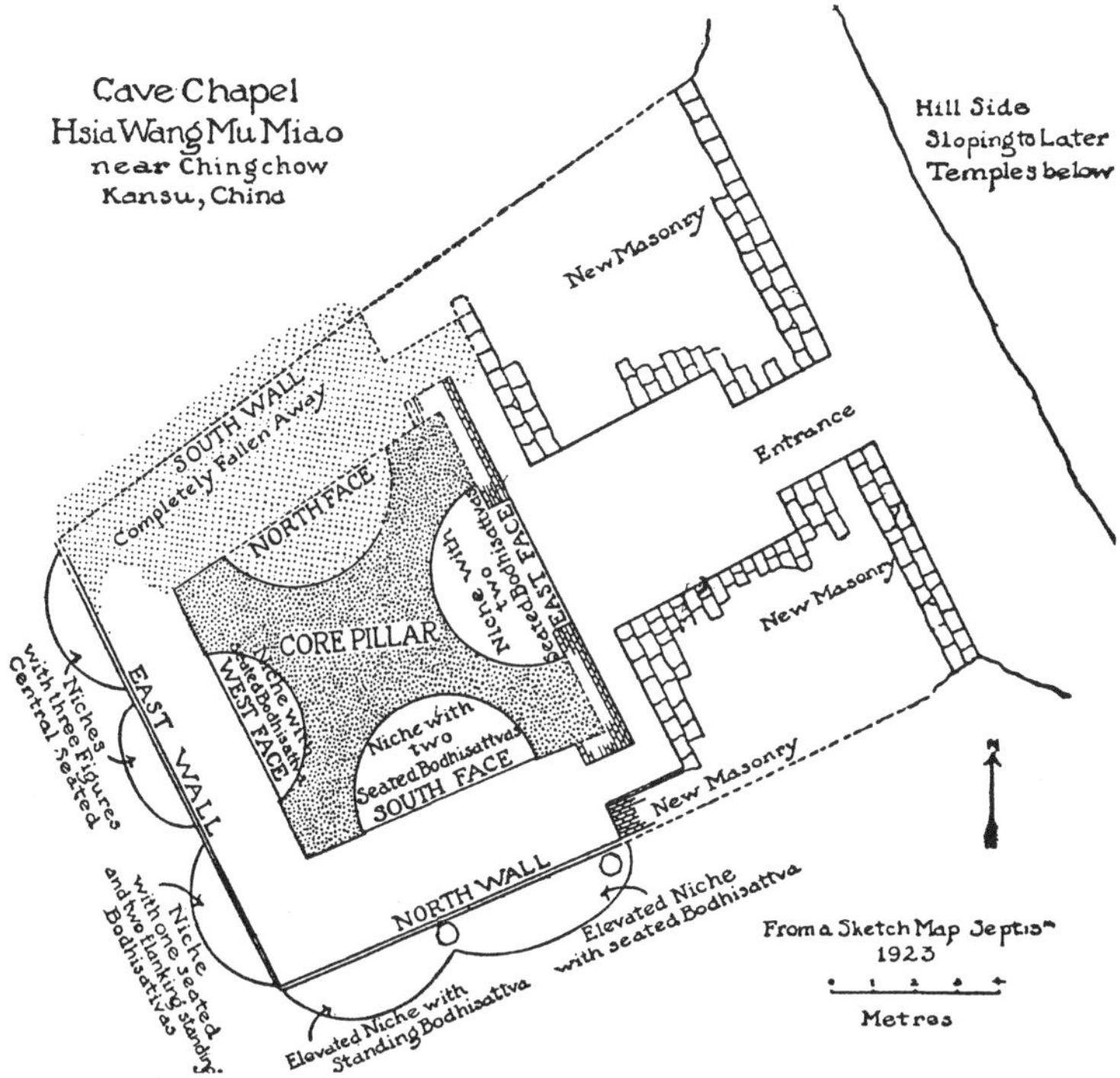
Cave Chapel
Hsia Wang Mu Miao
near Chingchow
Kansu, China
Hill Side
Sloping to Later
Temples below
New Masonry
Entrance
New Masonry
New Masonry
SOUTH WALL
Completely Fallen Away
NORTH FACE
CORE PILLAR
Niche with two Seated Bodhisattvas
EAST FACE
Niche with Seated Bodhisattva
WEST FACE
Niche with two Seated Bodhisattvas
SOUTH FACE
EAST WALL
NORTH WALL
Niches with three Figures Central Seated
Niche with one seated and two flanking standing Bodhisattvas
Elevated Niche with Standing Bodhisattva
Elevated Niche with seated Bodhisattva
From a Sketch Map Sept 15th 1923
Metres

それと分かる徴を見つけた。四面に仏像の刻まれた壁龕のある高さ二フィートほどの四角い石が置かれていたのだ。彫刻は明らかに六世紀のもので、彬州で見たものよりもっと古く、それを見たときは正直、心が踊った。ところが、洞窟はさほど奥行がありそうにも見えず、しかも堅い岩に刻まれた仏像が余りにも修復されていて、刻られた年代を決めるのが難しいとなって、またもや意気消沈してしまった。右手の方のようすを探ってみると、前方が焼け焦げた煉瓦と落石で塞がれているのが見えた。そのとき、左手の方に向かったジェイニが大声で叫ぶのが聞こえ、私は声のする方へ走った。彼は一本の通路を発見したのだ。通路は崖の壁面と平行しており、朝陽の中で洞窟に入ったとき、内側はほとんど真っ暗だった。通路は急に壁面の内部に切れ込んでおり、そこへ来てなぜジェイニが大声で叫んだのか分かった。

そこにはすっかり陽光にさらされた石窟寺院があり、何列にも並んで岩壁に刻られた仏像が私たちを見下ろしていた。多くの像は崩れてはいたが、一見したところ、修復の手が加えられたようには思われなかった。疑いもなくそこには、まさに私たちが望んでいた、これまでにいちどもその存在が報告されたことのない六世紀の仏像彫刻が、当初の状態のままに置かれているのだ。河南府での三週間、そして西の敦煌へ向かうこの後二ヵ月という北西への大旅行の間に、この期の例を他に見つけることができるとは思われなかった。少し調べてみると、比較的最近、石膏で修復されていることが分かった。しかしそのことを差し引いて考えても、主像の形式や模様からいって、これはまぎれもなく中国で最も早い時期の仏像である。この像を見ながら、九年前、ここから一〇〇〇マイルも離れた雲崗石窟のことを思い出した。あのときは嵐の中で震えながら、風雨にさらされた勇敢な仲間の老研究者が、もしかすると落命するのじゃないかと心配したものだ。辞典の編纂者であり宣教師でもあったが、子どものように無邪気で好奇心旺盛な彼のことだ、もしここにいたならば、きっと大喜びでおかしげなスコットランド風のくるくる回るダンスを踊っただろう！　どんなにか咳込み、興奮のあまり体調をおかしくすることだろうか！

洞窟下の川岸に停めておいた馬車から撮影用カメラやフラッシュ装置や計測用メジャーなどをすぐに持ってきて、石窟の平面図の作製や彫像の調査に取りかかった。石窟の入口で目にした彫像は中心柱の前に置かれていたが、その周囲の回路は天井から剥落した岩屑で一方を遮られていた。それでも、洞窟の主体ともいうべき二面側の壁、およびもうひとつの壁の半分は、主柱の三面と同様落石で埋まってはおらず、比較的原型を保っていた。

この小さな石窟は中国の石窟寺院の中でも、いろいろな点で独特であることが判った。主柱は岩を床から天井まで切り出し、上にいくほど細くなるように造られている。その柱から四頭の象の頭と肩が突き出ていて、それぞれの前足は太い柱の基部にしっかりと根づいており、背中には岩から

象の石窟内部

切り離された小さな仏塔が乗せられていた。私はそれらの象を、後代の仏教絵画では象の台座に座った姿で描かれるインドの賢神マンジュスリ神の信仰と結びつけてみよう思ったが、この石窟寺院がその尊崇のために造られたような痕跡はまったくなかった。私たちが知る限りでは、中国とインドの建築の間には何ら密接な相関関係はない。

柱の角側に突き出ている大きな象の下には、高さ約三フィートの一連の像が浮き彫りされており、何やら奇妙な姿をしていた。その列は、柱の各角の両側に一列ずつ八本あった。しかしその中で完全に判読できるのは三本だけだった。西面の南側の列はたまたま仏塔を乗せた象が反射する光に照されていたのかもしれない。それがここを「象の石窟」と名づけたもうひとつの理由でもあった。この一列には三体の立像が刻まれており、その頭部の後光はその像が悟りを開く前の仏陀自身を意味することを示唆していた。一体は、まるで王侯の夫人が丸々と肥えた赤ん坊を抱くように小さな象を腕に抱えており、もう一体は大きな象の鼻を掴んで、まるでハンマー投げの選手がハンマーを投げようとしているかのようである。三番目の像は小さな象の四本の足を片手の掌の上に、バランスを取るように乗せていた。もっと勉強していれば、それらの像の意味するところが分かったかもしれないが、それらは後に仏陀となる若き王子ゴータマが腐った象の死骸を放り投げているところや、婚礼での出来事を示していることはまちがいなかった。

象の石窟の奇跡

象の石窟内にある６世紀の仏像

その隣の列もやはり枠の中に刻まれた一組の三体の浮き彫りで、おそらく一連の物語における三つのステージの素朴な配列であろう。仏陀〈または若い聖者〉は左手で剣を掲げ、傘のように見える木に切りつけている。木を切るのをより難しく見せるために、木には彼の盾を掛けてある。その三番目の木は倒されてはいないが真っ二つに切り割かれ、最後の一刀が成功したことは明らかである。こうした場面は後世のチベットやモンゴルのラマ教の仏教芸術ではよく見られるが、これまでに見た限りでは、これは中国で保存された最古の例である。その他にもう一列はっきりと見ることのできるものがあったが、それは私の仏教についての知識では理解を超える内容のものだった。

だが、それらの立像や浮き彫りの中でも最高のものは、柱の北面に穿たれた壁龕の中で、何トンもの落石中に悠然と佇む仏像の、大きく滑らかな頭部と肩であった。それは頭上の冠がほんの少し傷つけられ、鼻がやや欠けている以外は、神聖を冒涜する修復者の手に触れらることもなく、ほぼ完璧な姿を保っていた。苦力《クーリー》の一団を連れてきて掘り出せればと切実に思ったが、そんな資金はなかった。その仏像は、いまも脚を組んだ姿で台座に座っているのはまちがいなく、落下物が破壊することなく、むしろ保護してくれていることを祈った。この仏像の頭部と肩は、あの有名な雲崗石窟――中国最古の仏教遺跡――の仏像のどれよりもすばらしく、保存状態がいい。この石窟に関する文書資料が発見されるまでは、当時の表現様式の形跡を目にすることで満足するしかないだろ

柱の北面の仏像

う。これほどのものが紀元六世紀の末以降に出現したことはない。おそらくこの仏像、さらに他の仏像も、彩色と金箔を施された薄い石膏で覆われており、濃紺の髪の下に金色の顔と、そして極彩色の冠が乗っていたことだろう。

ノートへの記録、写真撮影、メジャーでの計測などをほぼ一日で終え、フィルムを現像するために宿に戻った。ネガフィルムが花綱飾りのように壁いっぱいに吊るされた部屋には、遅い夕食が用意されていたが、そのとき達者だがあまり品のない中国語の話し声がして、茶色い鬚をはやし小柄でがっしりしたフランス人が入ってきた。私たちが仕事をしていると、彼はぺちゃぺちゃとお喋りし、私たちの晩飯に手を出しながらも話しつづけた。私たちが交互に彼の話を聞きながらノートを書き上げても、まだ喋っていた。彼が喋りまくって出ていくときには、彼がどんなことをしてきたか、すっかり分かってしまった。リヨンで生まれたことから、河南の鉄道で働いたこと、そして去年からついこの間まで、中国の西域からチベットの国境へと時計を売りながら旅をしていたこと。さまざまな種族のたくさんの女と関係を持ったこと、中でも独特の味わいのあるのはチベット人の女で、腐ったバターの匂いがしたこと。上海からチベットのココ・ノルまで行く途中では、どこかのお姫さまに匿われたこと、そして犬に噛みつかれたこと、などなどである。そして、ここからは道を変えてチベットの国境まで私たちと同じ方向に行くので、また私たちの部屋にやって来てもっといろいろお喋りができるだろうと言い、彼が唯一恐れるのは中国の犬だと言って、出ていくときパンを一枚持っていった。もし暗い道で犬が襲ってきたらそれをやってなだめるというのだ。

翌日も、またその翌日も、秦河の流域沿いに農作物や果樹園の中を進み、その途中、スカンジナビア宣教連盟のトルンヴァルズの暖かいもてなしを受けて、苦しくなるほど腹一杯に食事をとった。彼らは三五年もこの国にいて、大病院や教会、救護院を作り、過酷な奉仕の生活を過ごしてきたのだが、その毎日は夫人の素敵な手料理によって、ずいぶんと和らげられたことだろう。テーブルについた私たちはそのすばらしさに目をみはり、ここが本当に中国なのかと思うほどだった。心地良い居間にはリンカーンとルーズベルトの肖像と並んでスウェーデン国王と王妃の肖像が掛かっており、彼らが主人役をつとめていた。本物の牛乳！　一二個のティーカップ！　葡萄パン！　新鮮な塩入りバターと大きな焼き立ての衣つきケーキ！　残念ながらこれ以上食べられそうにないというときに、さらに出された琥珀色の林檎のゼリーは、まさに感激的であった。自分たちもしょっちゅう旅をしてきて私たちの状況がよく分かっていたので、気持ちの優しい彼らは、しつこいぐらいに食べ物をすすめてくれたのだ。また彼らの娘も海沿いにある学校から帰ってきたばかりだったが、鉄道の終着点に馬車がなかったため、弟と一緒に荷を積んだ郵便用のラバにまたがり、あの洪水や疲労にもひるまず郵便物同様の状態で、雨の中をわが家にたどり着いたのだという。それは私たちの「探検」の気負いを削ぎはしたが、それにしても気持ちは楽になった。

秦河の傍に快適な牧草地があって、そこに生えている草花の根元はいつもしっとりと涼しく濡れていた。丘の斜面にはヒエンソウや、アメリカのふさ付きリンドウ（gentian）のような、変わった黄色のクレマチスが生えていた。しかし、何よりびっくりしたのは、ニューイングランド種より倍も大きさのある、青緑色の巨大なリンドウだった。レジナルド・ファーレーは私たちより前に来たらしくて、この花にGentiana Farreriと名前を付けていた。ジェイニは植物学に多少の知識があり、私たちが見つけた植物の名前や、少なくともその所属類の名称が全部分かったので、かなり時間をかけて斜面を登ったり道の傍に座って、採取した一握りの収穫の中から貴重な種を選り分け、フィラデルフィア郊外に代々伝わる温室で栽培するため、ハンカチの隅に固く縛っていた。

第五章　蘭州と六つに折れ曲がった山道

六盤山――六つに折れ曲がった山道――はラバの荷を二度に分けて運ばなければならず、ラバにとってつらい一日だった。しかも一台の壊れた馬車が坂道を塞いでいたため、その馬車を道傍の深い堀割に逆落としにして通らざるをえず、さらに手間をくってしまった。

山の中腹にさしかかったとき、道の曲がり角に、さして古くもないし、特に目をひくほど壮大というわけでもないが、一軒の老朽化した堂が建っていた。「関帝廟」というその名を聞いて、王はそれがチンギス・ハンが没した場所だという小学生の頃の記憶を思い起こした。あの年老いた虎にとって、過ぎた日々に思いをはせるのに最も適したところは、中国広しといえど、ここしかなかったのだろう。道と絶壁の間に押し込められるように建てられたその堂からは、遙か東の方まで私たちが通ってきた道を見下ろすことができた。道の両側に立ち並ぶ木々は、平らな場所では二筋のリボンのように真っ直ぐに連なり、山の麓を巻いて山腹を昇り、ずっと私たちの足元までつづく。そして道はラバと車夫たちが根気よく登れるようにジグザグに山頂まで延びていた。小川のそばに木々の茂みに囲まれて数件の農家が村落をつくり、その小川は遙か彼方で秦河に注ぐが、並木の連なりは大高原から低地へと沈んでいった。

かの皇帝がなぜこんな寺院で亡くなったのかを刻した石碑は見つけることはできなかった。寺に住む老僧は六頭の山羊と羊の群、それにアヘンの煙管以外は、世の中のどんなことにも関心が無いようだった。この寺はとても古く、かつて崩壊したが、五〇年ほど前、彼がまだ青年だった頃建て直されたのだというが、いまはもう倒れそうだった。彼がここに住んで以来、ひとりとしてこの道を通った皇帝はいなかったが、通りかかった車夫どもはいずれも、手当たりしだい何でも盗っていくようなごろつきばかり。そんなことを語っていた。

チンギス・ハンは東アジアから中東はおろかヨーロッパにまで跨る大帝国の創設者なのだが、彼にはどうでもいいことのようだった。私がもういちどこの道を通ったとき、車夫どもへの彼の苦情を思い出したが、私にとってもモンゴルの死んだプリンセスのことよりも、暴風雨の中でラバをどうやって生きたまま下山させるかが問題だった。

六盤山の周辺地域は二年前にひどい地震に見舞われ、かなり大きな被害があったというが、アメリカではほとんど聞いたこともなかったし、北京の怠慢な官僚たちは無関心だった。古い轍に沿って進むと、二〇〇フィートも垂直に落ち込んだ断崖の縁にぶつかり、道が消えた。割れ目の向こう側の壁の上端に、溝を刻み込んだように轍の窪みが見え、まるで最後の馬車がそこでぐらっと倒れたかのようであった。その辺りを歩き回って探すと、一個所、巨大な鋤で盛り上げたかのような新しい道ができている。よく見ると上の方の山肌が地滑りして傷痕がむき出しになっており、削り取られた黄色い土が古い道の上にゆうに二〇フィートもの厚さで堆積し、その道は尾根状に谷を横切っているのだ。

幸いにもそこは人家の密集した場所ではなかったが、どの村も山に押しつぶされ、山腹の農園は河床に滑り落ち、さらに山崩れで落ちてきた固い土砂に半分ほどが覆われてしまっていた。その夜、多くの山羊の群がいつもの道を山から戻ってきて、その辺りをうろうろとした。牛小屋も農家も、ドアの傍で乳を絞る農家の女も消えてしまった。冬の間の飼料として刈られ積み上げられた干し草が、いまも高原の牧草地に山をなしているが、誰がそれを積み上げたのか永久に分からないだろう。

この恐ろしいニュースがようやっと北京に伝わり、地元の行政官が政府に救援基金を願い出たところ、それは省の役人たちが私腹を肥やすための新たな企みだという悪意に満ちた噂が広まった。

政府が何の支援もしないので、かつて民間の慈善団体がこんなつくり話にだまされたことがあったのを思い出し、きまり悪げににが笑いしながらも、急遽義捐金を提供したのだった。もしこの話が事実と判ってもそれでは遅すぎるし、そのころには新たな出来事の渦に巻き込まれ忘れられてしまっているだろう、と考えたからなのだ。イスラム教徒の反乱とそれにたいするひどい弾圧の後に起こった、神からのこのひどいしうちにあって、生き残った人びとは意気消沈してほとんど他所へ去ってしまっていた。だが、道すがら、ごくまれに何軒か泥の屋根や新しい棟木を見かけた。彼らは勇気を奮い起こして留まったか、それとも立ち去る決心がつかなかったかの、いずれかだろう。

さらに進んでいくと、嬉しいことにこのシーズン初めて鷹匠たちにお目にかかることができた。鷹を拳の上にとまらせた彼らは、鷹を訓練するためか、楽しむためか、いや中国の人だから、きっと小鳥を一、二羽捉えようと出てきたのだろう。最初の獲物は雄のハヤブサだった。固唾をのんで見ていると、鷹匠の拳から飛び立った鷹は山際の灌木の方へ飛んでいった。私は興味津々、鷹が指示に従うよう充分に訓練されているかどうかじっと見つめていた。鷹匠は絶えず舌を打ち、餌を与える合図に指をパチンと鳴らしたり、食べ物が入っているとわかる小さい布袋を振ったりして、難なく鷹に近づく。そして鷹が拳に飛び乗るとすぐ捕まえた。二匹目の鷹は雄ではなく、丈夫そうな小さな雌で、明らかに飼い慣らされたものではなかった。おそらくどこかへ飛んでいく途中に捕ま

凍った浅瀬にはまる

廃屋となった寺院

えられて慣らされているところなのだろう。

鷹匠たちの繊細な業についてはいちど語りたいと前から思っていた。というのは、鷹の訓練については理論しか知らなかった私が、本物の野外訓練に正式に加わって夢中で過ごした数週間のことが、いまでも忘れられないからなのだ。あのときのは中央アジア産のひどく弱々しい鷹だったが、それでもこの鷹に心底業を尽くして向き合ったのを覚えている。少年のころはいつも、鷹の訓練に関する言葉を反復練習し、チャンスがあればいつか手から鷹を飛び立たせたいと切望していた。だが、たったいちど飼った米国産の鷹には、残念ながら『ジャーヴァズ・マーカムと狩猟法』とか不屈の男ジョージ・ターバヴィルの『鷹の訓練法』といった本で学んだやり方はまったく通用しなかった。本には「身体を羽毛でさすってやる」とあるので、試しにやってみると、鷹は突如、猛々しく私に向かってきた。「プル」（イギリス語で食べるの意）と言っても、急ごしらえの頭巾の隙間からではどうしても餌を食べないので、仕方なく解き放してやるしかなかった。そして鷹が、綱に引っ張られて関節のはずれかかった黄色い足を引きずり、飛び去っていくのをじっと見ていた。あの夜私はひそかに泣いたが、それは正直に言えば、仔鷹をなくしたためというより、関節が外れてぶらりと垂れ下がった足を見たおぞましさゆえだった。

このとき出会った連中は、中国でもめったに見ないほど身のこなしが雄々しく華麗で、スポーツ選手といってもいいくらいだった。私は彼らに憧れにも似た気持ちを抱いたのだが、彼らは私に対してそんな好感情をもったわけではないらしくて、そのうちのひとりは後ずさりし、ひどく悪意にみちたことばを投げつけてきた。だが、しばらくすると、もうすこし余裕のありそうなひとりの中国人をみかけた。彼は裾の長い絹の中国服を着、拳の上に翼の長いすばらしい鷹を乗せていた。男が道端の店で雑談している間、私は鷹の近くに行き小一時間も見ていた。鷹は中近東で「黒眼鷹」と呼ばれるもので、斑らなよろい〈胸の羽毛〉は、褐色と赤の混じりあった素敵な秋の模様を思わせた。もしヨーロッパ人が十字軍の敵だったアラブ人から鷹の訓練法を学んだのだとしたら、彼らはそれ以前に中国人からそのやり方を教わったのだろう。そして新世界（アメリカ）からやって来た熱烈な鷹ファン（著者）が甘粛省の高原で中国人のプロに出会ったことで、鷹をめぐる世界の輪は完結したというわけだ。

このあとまた雨に降られ、まる二日間というもの宿に閉じ込められた。じめじめした小部屋にいるのはひどくうっとうしかったが、本箱からスタインの『中国の砂漠の遺跡』を取り出して読みだすと、嫉妬を覚えるほど面白くて一息に読み切った。この後蘭州（甘粛省の首府）へと至る最後の道は、雨がよく降り、登り下りの連続だった。哀れなラバたちは元気がなく、途中でひどい登り坂にかかると何度も馬具を外し、二頭の馬を一組にし一台の馬車につけて進まざるをえなかった。

最後の一日は土砂降りの中、一四時間も泥道を行き、夜の九時半になってやっと宿にたどり着いた。なんでなのか分からないが、兵士たちがやってきた。ことによると私たちがびしょ濡れになったラバと格闘しているとき、城門の番兵が知らせたのかもしれない。何人とも分からぬ兵士が暗闇の中をにわかに寄ってきて、ラバの首をおさえると、軍用のため徴発すると宣告するのだ。兵士たちのだらけた態度を見て、ラバをぬかるみからひっぱり出すのにどうして力を貸してくれなかったのかと思わず言いたくなったが、どうにも怒りを抑えることができなかった。支配者が権力を示すには直ちに行動せよと本に書かれているのは、こういうときのことだと思われた。私はいちばん近くにいた兵士の首根っこを押さえ、司令官のところへ連れていけとどなった。忠実なジェイニが傍にいたし、王も不気味に援護してくれたので、私はずんずんと歩いていった。だが、ランタンで足元が照らされているとはいえ、泥で八インチも埋まった道は、ぬかるんですべった。歩きながら王に役人にどう話すべきか教えた。これはちゃんとした表敬訪問ではないこと、こちらは非常識な兵士どもに無理やり馬車を奪われて持ち去られ、ひどく怒っていること、要するに自由世界に生まれたアメリカ人が彼らに当然の権利を要求する、といったことである。これにはごく儀礼的な挨拶すら不必要で、即刻ラバと馬車を返してもらわなければならないのだ。

「閣下はおやすみです」

「これが名刺だ！」

「閣下はおやすみです」

「起こしてくれ」

ヤーメン（清朝時代の中国の役所）の入口で、剣をつけた銃を持ったずぶ濡れの兵士と押し問答を繰り返し、ようやく一室に通されて、テーブルの上の石油ランプが灯された。私たちの身体から滴る水滴が閣下のアックスミンスターカーペットとビロードの椅子を濡らすのを見て、ざまあみろと思った。

次にやってきた伝令係の兵士が、閣下はいま就寝中なので明日面会すると言う。私は閣下に身支度をする時間を五分やると言い、彼を送り返した。

実際には五分どころか、一五分して閣下がやっと現れた。私たちは挨拶もせずにパスポートを見せ、私たちの馬車を返せと要求した。だが、私の言うことはまるで真実を語っていないかのような口振りである。誰も私の馬車を奪ったわけじゃなくて、軍司令官の命令により緊急の軍事目的のために徴発されたのだ。しかも貴殿ばかりじゃなく、だれもが馬車を取り上げられるのだから、とりたてて文句を言う理由はない、というのだ。私は文句を言っているわけではない、ただ馬車を返せと言っているだけなのだ、と睨みつけて答えた。司令官はなおもくどくどと話つづけるので、私は自分が赤銅色のインディアンの大佐のようにでも見えるようにと、さらに顔の色を赤くして彼をにらみつけていた。ジェイニは私の方をいちどちらりと見たきりだったが、笑い出したいのをこらえるのに苦労しているようだった。ジェイニが笑わせさえしなければ、この真剣な顔で最後まで押し通せる、そうと思ってなおも怒りつづけた。

王の通訳するところでは、自分はこの出来事をとても残念に思うがどうすれば問題が解決できるかについて明日の朝また相談したい、と閣下は言っているという。今夜ただちに解決しろ、と私が答えると、これは省の軍司令部から直接指示されたことで、自分の力ではどうすることもできない、と閣下が遺憾の意を表す。それならいま直ぐ軍司令部に行き、兵士らの暴行を報告すると答えると、この一言は効果てきめんだった。閣下はたちまち態度を変え、明日必ず馬車を返すと約束した。でも、私はこうした事態に何度も出会していたので、彼の手書きメモを持ったヤーメンの使い走りをひとり同行させ、直ちに馬車を解放しろと言った。

そういったことで、馬車は戻り、車夫たちは初めて私たちに感謝の意を表した。もし彼らが軍隊の親切な命令に服していたら、ラバは死ぬまで働かされ、幾ばくかの金を持ち主に与えられて終いだったろう。

蘭州での四日間は、この最初のひどい扱いとはまったくちがっていた。この町はほんとうに景色のよいすてきな町で、光り輝く大黄河が一方の城門則下を流れ、他の城門からは遙かかなたに聳える山脈群が眺められた。もてなし好きの中国内地伝道団の団長に食事に呼ばれ、ブリティッシュ・アメリカン煙草会社からこの新開拓地に派遣されたスコットランドやオーストラリアの社員とすぐに親しくなった。ベルギー人の司祭はバイオリンでホームシックな美しいメロディーを弾いてくれ、私たちのために出してくれた本物のワインは心暖まるものだった。

この町に以前からいるこれらの人たち、あるいはひどく小柄な中国人の郵便局長。彼は広々とした無人の食堂で大皿に盛った料理をとってくれたが、そうした人のほかにウルシンもいた。彼は収集した鳥や獣皮をハーバード大学に持ち帰るために荷造りをしていた。それらは彼と奥さんがココ・ノールやチベットの辺境地帯で集めたものだったが、いまは川の水位が筏をこぎ出すのに充分なほど下がるのを待っているのだった。筏は、空気で膨らませた一二〇枚ものヤクの皮袋の上に組まれたもので、彼らはその上にテントと収集品を載せ、鉄道の終着駅まで行くことになっていた。

これら外国の連中は皆、それぞれの生活の中に何か楽しみをもっていた。神父さんとオーストラリア人は熱烈なアマチュア・カメラマンだし、伝道団の団長は中国西部のイスラム教徒問題についてはどんな白人よりも詳しかったし、長い旅から帰ってきたばかりのウルシンと奥さんは、彼らが収集した鳥や獣のことばかり喋っていた。それからスコットランド人はとてもロマチックな人物で、大戦（第一次世界大戦）中にわずかに生き残ったブラック・ワッチ（第四二スットランド高地連隊）の将校のひとりなのだが、連隊の業績は彼の名で総括して記されていた。

それから、だいぶ以前にモンゴルの首都で会ったことがあるフィンランド人の毛皮バイヤーもいたし、ロシア人の亡命者もいた。彼はバロン・ウンゲルンがモンゴルを支配した狂気の時代にその下で強制的に働かされたことがあり、トゥシェガン・ラマの秘儀や、『獣と人と神』の著者オッセンドウスキー博士も知っていた。そんな連中がその本部に毎日集まっては、お茶を飲みながらわいわいとやっていた。フォンテノーの戦闘のことから、ココ・ノールの冷たく深い水底にいる魚のことや、イスラム教徒の中国人のことや、写真ネガの定着を早める方法まで、一緒に食事をしながら議論していた。だが、それらの話の背景にはいつも、巨大な病める中国のことがあった。それは感情的になされる政治であり、さらにあらゆる社会的安定の急速な衰退や人びとの社会生活における不誠実さの蔓延であった。私たちはそれらの話題のどれからも立ち去り難かった。次に白人に会えるのはまだ長い旅の後のことだし、ましてやこの先はチベットへの道と中央アジアの高原への道が二つに分かれているのだ。

第六章　涼　州

アメリカ人の手で黄河に架けられた長い鉄橋を渡り、この親切な町を発つ頃には、もう十月になっていた。この長い河にはたった二本しか橋が架かっていないのだが、これはそのうちの一本で、欄干にアメリカの建設会社の名を記した鉄製のプレートが貼られている。その傍らを、トルキスタンからやってきたヤクや駱駝や貨物を積んだラバの荷車が、ひっきりなしに渡っていくのは、なんとも不思議な光景だった。河の右岸の土手ではヤクの群が草を食べていたが、この後、多くのヤクに当然出会うだろうと思っていた。だが、チベット高原への道に繋がるこの蘭州以外では、西域の大道沿いのどこでも、ヤクを見かけることはなかった。

涼州（武威）までは一週間かかった。その行程はいまにも雨が降りそうな気配で、うっとしい天気がつづき、最後の三日間はずっと海岸にころがっているような大きな丸い石を踏んで歩いた。車輪が石をはね跳ばし、馬車も激しく揺れたため、ゆっくり前進するしかなかった。そのスピードだと、いつまで経っても轍のあるちゃんとした道に辿り着くことはできないのじゃないかと、絶望的な気がしてきた。坂を登っているとき、急に雹が激しく降ってきた。もうすぐ雪が降るらしい。通ってきた路よりわずか二マイルほど南の山々を振り返って見ると、実際、その頂上にはすでに雪が降りはじめていた。馬に餌をやるため昼に止まった休憩地と、夜泊まった村を除いては、丘陵で羊群を見張る羊飼いと、羊皮に身を包みたった独りで数頭のみすぼらしいヤクを追う人物のほかには、ほとんど誰も見かけることがなかった。この路をたどる日々は、すばらしい山々のほか、変わったものには不思議なくらい何も出会わなかった。夜は汚い宿の連続だったが、壊れた二本の車軸とラバの体調ばかり心配していたので、ホームシックにかかる余裕もなかった。

夕暮れ、小さな川沿いの町に着いたとき、故郷を離れた孤独感に強く襲われた。雁の群が頭上高く飛び、長い列をなした千羽ほどが先頭から後尾まで喧しく鳴き声をあげて、まるでラッパを吹き鳴らしていているかのようだった。それら中国の雁どもは、故郷の雁のように静かに曲を奏でるのではなくて、ニューイングランド育ちの私をぞっとさせるように鳴く。最初、一マイルほどに連なって遠くからやってきたのが、三分もすると千エーカーほどにも広がって、猟犬が吠えるように大声で鳴きながら頭上を飛びまわった。十月は、甘粛でもマサチューセッツと同じように、ほんとうに雁の鳴き声が人を身震いさせる。

涼州がやっと見え、午後に着いたが、しかし翌日の朝にはそこを出立することとなった。中国内地伝道に従事するベルチャー夫妻に挨拶かたがた手紙を届けるため教会に行くのだ。日曜日の午後のことで、冷え込んでいるにもかかわらず、小人数のグループが会堂の出入り口の辺りに身を屈めて坐りこんでいた。その中央に風変わりな格好の人物がスツールに腰掛け、親指を聖書に挟んでみんなに話しかけていた。近づいていくと、彼は立ち上がり、ひどいスコットランド訛りの大声で歓迎し、私たちを会堂に招じ入れた。だが、彼はただの訪問者にすぎず、宣教師が自宅に戻っているので、安息日の午後を利用して会堂の出入り口付近で伝道していたのだ。格子稿の長い肩掛こそしていないが、まるでスコットランドのエトリック地方の羊飼いのような風貌の彼は、トルキスタンや新疆省方面について詳しいと以前聞いたことのあるH氏だった。彼が四〇年前、中国領トルキスタンの首府ウルムチ（烏魯木斉）にやってくるとき、故郷の町ピーブルズで母親がカタログを見ながら作ってくれたスーツを着ていたと思われる。そのスーツは着潰されると、ウルムチの洋服屋が引き取り真似て仕立てたのだろう。その後、そういったことが繰り返され、私がいま目にしているのはウォブスターの奥さんが牧師になる息子のために作ったものから四、五回も作り替えられたものなのだ。それは幅の狭い機械で織られたトルキスタン製の羊毛生地で仕立てられていたが、その布でヨーロッパ式の服を作るなど考えられもしなかったからだ。彼が着ている二枚のチョッキは、それぞれずれたところでボタンが外れているので、痩せた長身のその箇所だけが膨らんで見えた。コートの両袖はゆうに三インチは短いため、手首がむき出しになっていた。幅広のネクタイは毎朝の悪戦苦闘の結果とばかり裏返っておかしげにねじれていたが、一方の手の親指を閉じた聖書に挟み、神の恵みを胸にいだいているかのようだった。彼は福音書を中央アジアの三つの言葉に訳し、ひとりでラバ車に乗って地方をまわっては、中国語やトルコマン語やサルト語、あるいはほかの言葉で聴衆に語りかけてきたということだが、それはほとんど宣教師やその夫人から聞かされたことだった。というのは、H氏はそういったことを人に話すのを嫌い、親指を聖書に挟んだまま黙っていたからだ。

私たちはレーズン・ケーキをつまみながら、本物の牛乳を入れた午後のお茶を飲んだ。それから二時間ほどこの老人に、彼の出会った人びとや辿ったルート、また古都トルファンへの往き帰りの途上に彼のところに立ち寄ったフランスやドイツやイギリスの考古学者たちのことを訊いた。彼はペリオもスタインも、ヴォン・リ・コップも、そしてハンチントンも全部知っていた。質問に答えながらも、私たちが甘粛にいるのをまったく知らなくて急に現れたので驚いた、と繰り返した。私たちが七二日間も甘粛省にいたことに気づかず家に呼ばなかったことを、私たちが訪問している間ずっと彼は気にしていた。そして私たちといっしょに出発したいと言ったが、牧草地に置いてきた彼のラバを取りに行くためにもう一台馬車を借りるのはむずかしかった。それでも、本をたくさん詰め込んだ小さなトランクとウルムチへもっていく真新しい薬を入れた鞍カバンを、西へ向かう一週間ほどの間に甘州（張掖）まで運んであげることはできる。そうすれば、彼は馬車を借りなくても、パンとお茶を詰め込んだ狼皮製の寝袋を鞍に括り付けたロバにまたがり、二、三日遅れて私たちのあとを追ってくればいいのだ。もう一週間ぐらいは彼やその仲間たちといっしょにいたかったのだが、私たちはすぐ出発しなければならない。

話題が中国のイスラム教徒のことに移ると、彼は甘粛省の軍閥について話した。

「あそこの貧乏な若い連中は荒っぽくて、すぐに強盗に早変わりする。私も何回かとっつかまって、解放させるのに苦労しましたよ」。実際、道中でこのギャングどもにつかまって、まる裸にされたこともあったという。蘭州では、かつてロンドンのタイムズの海外通信員で、その後中国政府の顧問になったモリソン博士が、中国領トルキスタンについてはいちばん詳しいと教えてくれた。

涼州からは宿駅間の距離が短くなった。だが、旅の様相はいっこうに良くならなかった。私たちが進んでいるうちに、田園風景は突如として沙漠になり、しかも次の村までは休むところもないというありさまなのだ。一日のうちにいくつもの町を通り過ぎるのだが、城壁に囲まれ壊れてもいない家々はどれも無人だった。はるか遠くの山麓の辺りに要塞化された大農場がいくつか望まれ、周囲を耕作地が取り巻いている。どの農場も高い城壁の後ろに方形の高い見張り塔が高く屹立しているのが見えた。それはこの地方がかつてどんなだったたか、そして再びこの地の支配権を握ろうとするイスラム教徒の地域を中国人（漢族）が通過しようとするなら、かつてと同じようなことがまた起こるだろうことを物語っていた。この二者は明らかに異なる種族なのだが、多くのイスラム教徒は長いことここに住みついていたため中国語しか話せなかった。それでも、髭を生やし鷹のような鼻と褐色の目をした中央アジアの人たちは、やはり扁平な目鼻立ちの中国人農民とはだいぶちがっていた。

ある日、荒涼とした道で、ラバに着けた三つの輦台《れんだい》を守護して進む一団に出合った。男どもは皆拳銃か馬の鞍と膝の間に差し込んだ旧式の剣を携えており、威嚇的なようすだった。輦台のうちのひとつには老婦人が乗っているらしくて、幕の中からは始終甲高いしゃべり声がもれており、護衛が凶暴そうな笑みを浮かべていた。その中のひとりは大きく黒い漢字を染め抜いた深紅の毛布を胸から背中にかけてかぶっていた。それは明らかに王朝時代の宮廷の護衛官の衣装の名残だった。私は歩みを止めて彼らと話をしたい誘惑にかられた。

前方からやってくる人たちはごくわずかだったが、ほとんど一〇人から一二人ほどの集団で、一様に羊皮のコートに包んだパン持ち、ぶかっこうな鎌を腰の飾り帯にさしていた。彼らは麦の刈り入れの出稼ぎを終えて帰郷するところだったが、収穫期を迎えた麦畑を転戦して何百マイルも歩いてきた人もいた。二年以上家に帰らない人もいるというが、普通は冬になると家に帰って家族と数ヵ月を過ごし、出稼ぎ先では同じ村の人間が固まって行動するということだった。

第七章　ロシア人のエクソダス

ここ数日来、この西域の大道を行く私たちの近くに、私たち以外に、とても調査に来たとは思えないような旅行者が何人かいるような、変な感じがしていた。この道には電信線が通っているので、以前から宣教師やヨーロッパの考古学者たちが間断なく行き来していることはもちろん知っていたが、しかしそれはもっと、何か得体の知れないより強烈な感じだった。どの街の宿のどの室にも、あるいは街の変哲もない荒れた壁にも、ロシア人の名前や連隊の番号が数ヵ月前の日付で書き記してあった。古代より絹が中国から西アジアに運ばれ、不正な手段により、多くの手を通してローマ帝国に達したが、どのような道を通って運ばれたのかはまったく知られていなかった。その道が再び東洋と西洋をつなぐ幹線道路となったのである。この三年間にこの道を歩いて通った西洋人は過去二千年の間にやってきた西洋人の数よりはるかに多く、また、これからの数百年の間にもっと多くがやって来るだろう。

皇帝のもとにあったロシア人たちは「共産主義革命」の脅威に追われて東方に逃げ出した。彼らはカスピ海沿岸やヴォルガ川に沿った町から、またシベリア鉄道沿線の小ロシアや、かつては栄えた町々から、一人ないし二人で、私たちの馬車よりはるかに頑丈で大型の幌馬車に乗って逃げてきたのだ。私たちが出発するとき、北京の市内はすでに彼らで満ち溢れていたし、上海や天津はこれら何千人もの新たな貧民の面倒が見きれなくなっており、それどころか日本人が建設した都市でも、白人の男や裸足の女性が道端でアジア人に物乞いをするという、歴史上初めてといっていい光景が見られたのだ。

そうした放浪者のうちのたった二人を目にしただけだったのだが、まるで彼らがこの土地一帯に押し寄せてきているかのように思われ、私たちの冒険旅行の花が摘み取られてしまったかのような気がした。蘭州を発ってからの四日間はもっとドラマチックだった。私が宿の庭でラバを入れる小屋を探しているとき、偶然、革の幌がついた古ぼけたロシアの旅行用馬車、かつては三頭の馬がひくトロイカらしきものの残骸を見つけた。私は思わず、その幅の広い鉄製の踏み板に足を乗せ、幌の革の匂いを嗅がずにはいられなかった。それはとても堅牢な大型馬車で、しかも深々とした座席や高い御者台もついており、空想の世界で私を載せ、シベリアの森の道を数百マイルも走り抜けた。私がその馬車に乗り込むや、尻尾の長い黒毛の馬が一頭現れて三頭の真ん中を勢いよく走り、両側の二頭も弓のように首をしならせて並走した。私は小さい頃に幼稚園の壁に貼られた色刷りの絵に描かれた情景そのものを演じていた。どういうわけか私も乗り合わせているのだが、ロシアの太公一家を運ぶ馬車が雪原を疾駆しながら、私たちの後ろを追ってくる狼の勢いを鈍らせるために、初めは毛皮のオーバーコートを、そしてついには奴隷の赤ん坊をも次々と外に放り投げたのだった。とはいえ、事実のほうがどんな空想ゲームよりもずっと奇なのだ。なんでロシア皇帝の役人とその夫人が、どうした事情があってこの旅行用馬車をこんなところに捨てて、中国のひどいトラックに乗り換えなければならなかったのか。なんで彼らがこんなに車幅のちがう轍のある道を遠くまでやってきたのか、なんとも不思議だった。私が知る限りでは、トロイカ仕立ての馬車にとって最も近道は、ウルムチからイリ川、そして北のシベリアに至る道なのだ。

ヨーロッパ式馬具の革の匂いに感傷的になったのもそうだが、こんな中国の幹線道路で青い目の、スラヴ髪に会ったのも印象的だった。彼はまだ一六歳にもならないくらいの少年で、尖った膝が、ぼろぼろのズボンから突き出るように剥き出しになっていた。巻き毛の髪に中国の帽子を被り、フェルトの長靴をはいていたが、その靴は継ぎはぎだらけでいまにも壊れそうだった。私は一瞬、少し金をやって馬夫か料理人に雇い、その後は国に連れて帰って教育を受けさせてはどうか、などと考えもした。だが、ジェイニは彼に学校教育を受けさせようなどというのは、お定まりのアメリカ式貧困解決法だと決めつけ、放浪少年デヴィド・カッパーフィールドにディック先生が示した「彼を洗え！」というのが、たぶんいちばん適当なやりかただろうと言う。

彼はロシア語しかしゃべれないので、しかたなく片言のロシア語で話し合った。彼はロシアのセミパラティンスクからやって来て、ほとんど金も持っていないという。私は手持ちの銀貨をやったのだが、彼と別れて歩きつづけたとたん、彼の置かれた中国北方の厳しい冬と黄色人種に取り巻かれた環境の中で、彼の誠実そうな目とハンサムな口元が、たちまちにして泥棒どもの目と強盗のような残忍な口に変わるのではないか、という不安にとらわれざるをえなかった。

その後、ほかのロシア人もその道沿いにやってきて、その中には女性もいたが、あの痩せこけてぼろ服を纏った少年ほど、印象的な人物には出会わなかった。

＊　＊　＊　＊　＊　＊　＊

私たちがそれに沿って旅程を過ごしてきた万里の長城は、わずか一五フィートの高さしかないが、それが沿海地から延々とつづいているというのがすごいところなのである。私たちが目にしているのはおそらく古代最大の建造物ばかりでなく、この長城を造るために粘土を掘り出したときにできた土溝の跡でもあるのだろう。ある夕暮れ時、壁の隙間を抜けて長城の外側へ抜ける通り道があるように思われたこともあった。

中国人にはこの境界を越えて外側に出ることに恐怖心がある。そのことと国外追放とか重労働とか蛮族の襲撃といったこととを結びつけて考えてしまうのだ。そのため私は、この宿命的な線を越えるときに車夫たちがぶつぶつと不平を言い、この僻遠の地が突如いまわしい場所に変わるのではないかと気になっていた。激しい風が急に吹き出しヒューヒューとうなりを立てる中、ロバを連れた二人の人影が何か名状しがたい敵意をもって、もがくように私たちの方に近づいてくるのが見えた。彼らは私たちに道を教えることができなかったのか、それともしたくなかったのか、いずれにせよ私たちは古くからモンゴルとの境界を示す曲がりくねった丘陵の麓を、とぼとぼと進んでいったが、前へ行けば行くほど道を見失い迷ったのではないかと思われた。それでも、こうして難航していること自体は、たとえ翌朝馬に餌をやるのが普段より遅くなったり、晩飯抜きで横になるのが嫌だったとしても、さほどきついことではなかった。それよりも、外国人の私たちもが「城壁の向こう」という言葉の恐怖に感染してしまっていたのだ。それでも、日が暮れる前に道は再び本来の中国の地に曲がって戻り、車夫たちは安堵の息をついたのだった。

甘州は大きい町だったが、一晩泊まっただけだった。そこにいた中国人医師はたったひとりで中国内地伝道団の代表をつとめており、とても友好的だった。彼はニュースに飢えているようだったが、私たちには特に伝えるほどのものがなかったので、それ以上は滞在しなかった。しかし私たちを歓迎してくれる彼のような笑顔に出会うのはこれから二ヵ月も後のことになろうとは、このときにはまったく想像もしなかった。

甘州を離れてから二日目に初めて一匹の羚羊《れいよう》（アンテロープ。かつてはカモシカとされていた）を見かけた。褐色を帯びた黄色い砂埃が砂丘一面に乱れ舞い、驚くべき速さで吹きつけたりした。しばらくすると多くの羚羊が見え、それらは急に走りだしたり、止まって草を食べたり、また大急ぎで跳び跳ねて行ってしまったりしたが、そんな光景はこれまでに見たこともなかったので、わくわくしながら見とれていた。

ところで、霜の降りたあの日の朝ほど元気づけられたことは忘れられない。夜明けより一時間ほど前の冷え込む中を出発し、城門もない壁に囲まれた小さな町が目に入ったとき、月が雲から四分の一ほど顔を出し、空には星が満ちていた。私たちの馬車が立てる車輪の音に驚いたのか、コッコッという雌鶏の鳴き声や、肥ったアヒルのガーガーいう陰にこもった鳴き声、そして羽ばたく音が道の両側の溝から聞こえてきた。

しかし、あの雁の群れ！　辺り一面雁で満ちていて、五〇フィートと離れてない頭上でラッパを吹いたり叫んだり、また麦の切り株で草を食べながらガーガー鳴いている。辺りがしだいに明るくなると、V字形に並んだ膨大な雁の群れがあちこちから現れ、空を飛びながら、賑やかに話したり大声で叫んだり、先頭を行くリーダーに何かアドバイスをしているかのようだった。下から見上げると、それはうす暗い夜明けの空にぼんやりと白かった。雁の言葉にどれほどの韻律や語調や転調があるのか、これまでまったく知らなかった。彼らは喋ったり、唸ったり、囁いたり、そしてそれが長距離旅行に相応しい翼を持った雄と雌の群れだと思うようになるまで、かなり大声で叫ぶ。

その間じゅう、密集した巨大な鶴が飛び回ったり、舞い降りて餌を食べたりしていた。初めは不規則に羽ばたきながらも列をなして飛んでいたが、それが突如調子を揃えて飛ぶようになり、一分もするとまさに一体化した滑空となった。翼を動かさずに広げて、まるで巨大な皿のように飛び、それから地面に降りたつと、その姿はちょうど七分くらい育った羊ほどもある、背の高い「?」マークのようだった。

そこには白鳥ほども大きさのある巨大な雁がいたが、日が昇りだすと、黄褐色の飾りのついた赤い礼服を着たような、もう少し小さいラマ雁も見られた。道の両側一面に沼地が広がり、その向こうには耕された田畑が見渡せた。アヒルは沼地に跳ねていたが、雁は耕作地や牧草地に飛んでいった。もっと明るくなると、シギや千鳥、またつがいになって群れから離れた小さな太ったアヒルも見えるようになった。シギに似た、鶏冠のある白黒の斑の鳥が、人慣れたようすで近くを歩きまわり、また体がアジサシのように大きく、二丁の三日月形の鎌のような大きな嘴を持ったダイシャクシギが、竹馬に乗ったような足どりで歩き回っていた。彼らの親しげなさえずりは、故郷のメイン州のことを思い出させた。いまや遠くの農場では犬が吠え、雄鶏が鳴き、ロバがいなないている。そんな鳴き声と、近くで叫ぶ雁の声や、すぐ頭の上で聞こえる鶴の絶え間ないダミ声が混ざり合って、ものすごい騒音のように思われた。

そこでは降り注ぐ日の光のもと、騒がしい群れが飛び交い、太った鳥が田畑で餌をついばんでいたが、しかし光景は何やら奇妙な具合に一変し、すっかり静まりかえった。

午後になると、辺りの風景は砂丘の中に羚羊が見られる砂漠へと変わった。農園も耕地も、もはやない。耕された畑で吠える犬や、草原のロバを大声で呼ぶ男の姿も見えなくなり、ただ見渡す限りの砂漠が広がっていた。耕作された土地のどこからもたった一二マイルしか離れていないにもかかわらず、それはモンゴルの荒涼とした不毛の地であった。

ここでは葉っぱの大きな砂漠の植物が乾いた砂の中から突き出しており、それらは春の短い雨季に水分を貯めて、夏に使い果たすのだ。私たちが近寄ったのはどれも新しい植物群で、遠くには羚羊がおり、堅い甲の甲虫や、木の根元をすばやく這い回る蜥蜴がいた。そこかしこ地面はアルカリに覆われて白く、たとえ砂漠の植物であってもその苛酷さに耐え得なかった。そこには旅行者の姿もなく、馬車の轍がかつてここを人間が通った唯一の痕跡だった。それどころか、電信用の柱もここで軌道を外れ、一面の起伏の激しい砂丘を避けて遠回りしていた。

　翌日の昼、ある小さい村で休むことにした。村人たちは近くの低地から白く輝く岩塩を、荷馬車に積める大きさに掘り出していた。一頭のラバが病気のため全身むくんだようになり、可哀相に体が破裂するのではないかと思われるほどだった。高粱酒を左の耳から注いでみたり、あらゆる素人療法をやってみたが効果がなかった。私たちは重い足取りでボロ宿に入ったが、気落ちした一行は粛州（酒泉）まではまだだいぶかかることが分かっており、そこに着いたら馬車を返して駱駝を雇い、モンゴル高原を進まなければならないだろうと真剣に考えた。

第八章　駱駝のキャラバン

粛州に来てまる一〇日が過ぎ、私たちは街のすみからすみまで知りつくした。街を歩くわずかなロシア人難民と、それから中央アジアの人びとを外国人とするならば、それ以外には町に住む外国人はひとりもいなかった。中央アジアの人びとは街の目抜き通りにパン屋や、馬を売り買いする店を開いていた。

最初に当たったところでは、駱駝を雇い入れるのは正気の沙汰とも思えないほど難かしそうだった。刈り取られた羊毛はトルキスタンから運ばれてきたが、イスラム教徒たちは気ちがいじみた外国人どものために飼料や水から離れて乱雑に羊毛を集めるよりも、三、四百頭もの家畜のキャラバンで、オルドス地方を五〇日もかかって運ぶほうを好んだからだ。すでに六日も経ってしまいほとんど我慢の限界にきていたが、それでも中国では、売ってくれそうな見込みのある駱駝の持ち主に出会ったときは、できるだけ平静でいなければいけない。その駱駝の持ち主が提示したのは他で言われた価格の三分の二ほどで、しかも長々と交渉したすえに彼が五日かかるというのを四日で町まで連れてきてもらうことで話しがついた。

一方、その間に多くのことをしなければならなかった。部屋の戸の前にテントを張り、仕立屋を呼んできてそこで仕事をさせた。太さのちがうロープも買い入れ、桶屋は二つの大きな水樽に真鍮を巻きつけ、庭では二人の大工が、私たちが旅の間に組み立てたり取り外したりすることのできる木製の箱をせっせと作り、その周りに小麦粉や砂糖や塩を入れた粗布の大袋が高く積まれていた。さらに、皮製品の仕立屋も私たちの乗馬用の羊皮ズボンを作るために出入りしていた。

ある日の夜遅く、低く太いベルの音が外でして、宿の門を叩く音が聞こえた。大きな扉が乱暴に開かれ、一二頭の駱駝の毛深い首と頭の作るくねった影が、私のランタンに照らし出されて門内に押し入ってきた。駱駝たちはいったん構内を闊歩すると、立ち止り、たがいに鼻と尻尾とを向かい合わせて蹲った。一列に並んだ彼らの背のこぶと縄で連ねられた首が、まるで長い二重の輪のように見えた。友好的な軍司令官が、朝の十一時に私たちをもてなし、ブランデーをくれたうえ、親切にもモンゴルまでのガイドを私たちの宿に遣わしてくれた。そのガイドは、おそらく粛州でいちばん汚らしくて凶悪と思われる人相の男だった。ガイドの使い方には賢くなっていたので、すぐに彼に地図を示そうとせず、宿の庭に連れてきて、その角のように硬い指で地面に彼の知っているエツィン・ゴル川の地図と、私たちがこれから行こうとする廃墟の町の位置を描いてもらった。彼が描いた線はスタインの数学的三角測量によく似ていたので、彼を雇って同行させることにした。彼がこれまでに世界中のガイドのほとんどがやっているようなことをまったくしたことがなく、またその後私たちが遭遇し、すんでのところで悲劇になるところだった災難に責任があったとはいえ、ともあれ、それなりに有能なガイドだったとは言えよう。

数日前、アヘン中毒の哀れなひとりの商人が、一七歳になる彼の娘と武器を携えた勇猛な付き添いの四人とともにこの町にやってきた。彼らは東へ向かう道中の一日目に、イスラム教徒の強盗の一団に止められて金品を要求された。ところが、その随行した四人の勇士どもは、いざというときに現場からさっさと逃げ去ってしまったらしかった。そして彼がのろのろと馬車を降りて金袋を探そうとしているとき、賊に銃で撃たれて弾が脚を貫通し、そればかりか馬で逃げ去る強盗どもに馬車まで奪い取られてしまった。幸いにして撃たれた脚が敗血症になることはなかった。ジェイニは彼の脚にきつく巻かれた汚い布と紙の包帯を裂いて、弾が貫通して青くなった二つの小さい穴を洗浄してやった。私たちがしてやれることはそれぐらいだったが、ジェイニは毎日彼を見舞ってやったので、この町を離れるとき、ジェイニと私は彼から謝礼として餞別に、旅路で使うようにとタバコとワインと蝋燭をもらった。

　駱駝の積載量がすでにぎりぎりで立っているのがやっとという状態なのに、まさに出発しようとしているところへ、困ったことにあの軍司令官がまたもや贈り物を届けてきた。そんなふうに駱駝に荷物が満載され、四人の穴掘り人夫も旅装を整えて隊列に加わり、ガイドが自分の布袋をいちばん乗り心地のよい駱駝の背に乗せ、最後の鼻縄が締めなおされて、隊のリーダーと駱駝の付き添い二名もそれぞれ位置についたとき、三〇人あまりの見物人の中で、何人かのお節介やきが一頭の駱駝の積み荷を降ろすのが目に入った。すぐやめさせたのだが、粛州の郊外は洪水で一面水侵しで、真っ暗な夜にそんなところを通り抜けるのは無理だから、今夜は出発するなと言う。それを聞いて、きっと私たちを詐取しようとする新たな企みがあるにちがいないと思って、私はかっとなった。キャラバンを早く調達するために特別ボーナスを出し、高い代価をもって購った貴重な日々が騙し取られてしまうのだ。駱駝隊のチーフは私を怒らせまいと卑下した態度で、もし今夜出発しろと強くおっしゃるならもちろんそうすると、従順そうに言う。どうするかの判断をすべて私に負わせたわけだが、私にしてもそんな原野をはたして通り抜けられるのかどうか、まったく分からなかった。もし引き返さざるをえなくなったら、彼はきっと私の判断が誤りだったと指摘して喜ぶだろうという気がした。ともあれ彼らと激しいやりとりののち、夕方六時頃にその町を後にしたのだが、私としてはめずらしく頑固な気分で行った選択が本当に正しかったのかどうか、いまもってよく分からない。

溝の深い箇所を避けてまる一時間、水浸しの原野を濡れながら歩き、やっと私たちの通るべき路にたどり着いたとき、隊列の後ろからついてきたまだ子どもの駱駝は、芝で覆われた応急の橋にさしかかったところだったが、ぶるっと一回身を震わせると、その積み荷が足下の激しい流れに落ちかかり、駱駝は積み荷もろとも、まるで流れに身をまかせるかのように水に落ちていった。夜の気は寒くて陰鬱だったが、何人かの隊員が小さな駱駝の後から水中に飛び降り、そうさせまいと足で蹴ってもがくのをかまわずその顎をひっぱり上げた。最後に積み荷も引き上げて積み直した。一〇分後には、鉄製のベルをゴンゴン鳴らして先頭に立っていた大きな駱駝も、ちがう橋から二フィート下の水中に落ち、立ち上がるには積み荷が重すぎたのか、横だおしになったまま口から泡をふいたり呻いたりしていた。

私たちはなおもぬかるみの中を、これ以上は行けないというところまでもがくように進んだが、ここに来てガイドは南東側の路が充分乾いているし、彼自身その路の状況をよく知っているので、そちらに向かったらどうかと言ってきた。それで私たちは細心の注意を払って進路を選んで隊を旋回させ、先ほどひどい目にあった橋を渡り、出発してから三時間後に無事粛州の郊外に戻ってきた。ところが、そこで見張り番に強制的に止められた。駱駝の通行税として一頭につきそれぞれ一〇両、一三頭分支払えと言うのだ。私は駱駝の背に座ったまま不機嫌そうな態度で無関心を装い、ほとんど黙殺しようとした。なぜそうしたのかと言うと、これまでの経験では、こういうときは黙っているか喧嘩するかどちらかしかなく、黙殺したほうがひどく怒るより面倒がないと思ったのだ。それは不思議なほどうまくいって、一両も払わずに済んだのだった。

粛州の黒々とした城壁を離れていくとき、月が雪に覆われた南山の峯々を皓々と照らし、まるで銀色のおとぎの国のように見えたが、私たちの前方には通り抜け不能のように峻険な山頂が連なっているばかりでなく、周囲も漆黒の闇だった。私たちはすぐに、激流に沿って曲がりくねった急勾配を登っていった。深い影と明るい月光が交互に織りなす中を芝居のような行列がうねっていった。激流に落ちて長時間必死でもがいた、隊の中でいちばん小さいあの駱駝は、たっぷり半時間は私たちの歩みを遅らせ、また積み荷が傾いて一足ごとに鼻縄につまずきながら、月明かりの中を切り立った向こうのへりをひょこひょこと歩いて心配させたが、二度も水中に落ち込むことはなかった。ジェイニと私は、ひとつにはプライドから、さらにはそうした珍しい体験から、肉体的なつらさを忘れて雄々しく駱駝の傍にくっついて歩いた。どの駱駝の背にも積み荷が船の甲板のように満載されている。その上にさらに羊皮のコートや乗馬用ズボンが掛けてあり、縄で荷物をしっかり縛ったあとも、瓶や靴、それに最後になって思い出したものや、あの軍司令官が出発直前に届けてきたお土産などがあっちこっちに垂れ下がったロープの端に結わえつけてあった。

駱駝が立ち上がるときは、乗り手は自分の足が駱駝の頭の高さを少し超えるようになるまで、駱駝の鼻縄を必死に掴んでいなければならない。それからゼリーのようにぐにゃぐにゃと横に振られ、それで後ろの張り綱を掴むと、神経に触ったかのように身をゆすってひどく上の方に放り上げられ、そして落下して駱駝に衝突し、また痙攣。痙攣、衝突、そしてまたゆすぶられる、というこの動きは二週間の旅の間毎晩つづき、そして一〇日間の小休止の後、また二二日も繰り返したのだった。少なくともそうしたゆすぶりは期間中ずっとつづいたのだが、私はその長い旅の間、それに悩まされることはなかった。というのは、私はいちばん背の高い駱駝のいやな匂いがする陰を歩き、ひどく眠くなったときだけその背に乗るほうを選んだからだ。それも、まもなくひどく寒くなると、駱駝の背で揺られるのに耐えられなくなり、地面に降りて足を伸ばして一休みしたくなった。それに対して、ジェイニのほうが私より駱駝の背に揺られるのに辛抱強く、何も文句を言わずに一晩中、駱駝の背に座り通した。

私たちはたいてい夜間に出発した。というのは、昼間だと駱駝が少しでも牧草の生えている場所を探して散り散りになり、ときには狼に襲われるようなこともあったからだ。狼の遠吠えはよく聞こえたし、あるときは駱駝を集めてきた駱駝追いがキャンプの近くで五匹の狼を見かけたと教えてくれた。狼たちは中天の満月に向かってリズミカルに吼えるのだが、それはキャンキャン吼えるのではなく、まるで怒号しているかのようだった。限りなくぞっとさせるその吼え声は、悪魔が群がって交唱聖歌をアカペラで合唱しているように聞こえた。

最初の夜のキャンプは泉の近くに設営された。なにもかもほったらかしで片づけもせず、たちまちのうちにぐっすりと眠り込んだ。

朝になって、自分たちが砂漠の崖の急斜面の下にいることに気づいた。崖の上には一軒の寺院と、基部が正方形で煉瓦造りのピラミッド形の見張り塔が立っていた。こうした塔は、中国の西域やモンゴルの一部で、あらゆる大道や小道に沿って点在している。その日の昼下がり、私たちはキャンプを引き払ってその孤丘の麓を出発した。粛州の後方では南山の峯々の雪がまだ太陽に照り輝いていた。山道林という浅瀬の傍らにキャンプしようとしたのは夜の八時ごろだったが、小川の水も岸のほうは凍りはじめていた。翌朝、私が川岸の氷の割れやすい箇所を砕いて小石だらけの流れに身を浸し、息が止まるほど冷たい冷水浴を楽しむのを見て、中国人はびっくりした。その日、その小川を三回渡ったが、どの場所も駱駝たちには深すぎたため、あの臆病でぶかっこうな仔駱駝は、どうやらまたも積み荷を水中に投げ出し、自分も溺れたがっているかのようだった。

第九章　黒い川を下る

金塔鎮という町に着いた。町の役所で身分証明書を見せた後、町長と八人の寡黙な紳士といっしょに食事をした。彼らは私たちの到着に歓迎の意を表すために、この辺鄙な町のあちこちから呼び集められたのである。町長の弟は結婚したばかりで、花嫁とともに数日間、エツィン・ゴル〈黒い川〉を下ってモンゴルのプリンスの幕屋に行ってきたばかりだった。彼は燃料や水については確かな情報を提供してくれたが、私たちの行こうとしている廃村については何も知らなかった。

夕食の前に私たちは、町の人びとが自慢にしている、町にたった一台しかない町長所有の幌付き馬車に乗って、町を遊覧した。馬車を引くラバは、外国人の客に自分の力を精一杯見せるかのように、オアシスの水浸しの原野に伸びる道を懸命に駆けたが、手すりの付いていない橋の前まで来て急に止まった。やむをえず、二人の農夫と御者が踊ったり飛び上がったりするラバを引っ張って橋を渡らねばならなかった。その間、私たちはなんとか体面を保とうと馬車の中でくっつき合って、息を殺したまま何も言わなかった。

私たちは、この町の名の由来となった金塔〈黄金のパゴダ〉を見るために、現在の町の範囲を超えた場所で停まった。地元の人たちが言うには、かつてはその塔の丸屋根は純金で覆われていて、いま見るような黄色いペンキで塗られたものではなかったのだが、あなた方のような立派な国からやってきた人たちが黄金を剥ぎ取っていってしまったのだという。ここへはまだアメリカ人はだれも足を踏み入れていないから、それは多少不当な言い方のように思われた。いまの建物はたった二、三世紀前のものにすぎないが、塔自体はそれよりずっと古いものであることは確かだった。私は現代風の祭壇に置かれたいくつかの粗雑な粘土製仏像の中に、七〜八世紀の小さな青銅製仏像が一体あるのに気がついて、そのことを確信した。北京の骨董屋にはちっぽけな仏像が何百と売られているが、こうした小仏像が本来あるべき場所に置かれているのを見るのは初めてだった。それはこれからの調査に対してよい前兆となるように思われ、町長の弟がそれをお土産として私に押しつけたとき、いちおう断ったが受け取ってしまった。だが、長い旅が終わる前にみじめにも全計画を練り直さざるをえないような心配事が、その小さな仏像によって引き起こされることが分かっていたら、決して受け取りはしなかっただろう。

翌日の昼近く、繊細なモンゴル書体で書かれた、この地方の遊牧部族のプリンスに宛てた町長の紹介状を持って、金塔と細長いオアシス耕地を結ぶ道に沿って出発し、日の暮れた後まで旅をつづけた。駱駝たちはときにはつるつるした土手道を滑らないように歩き、ときには秋の洪水で溢れた水を蹴散らして進んだ。乾いた野に満ち溢れたその水は、霜で凍らされて、春、すなわちこの辺境の地の乾季まで保たれるという期待を担ったものだった。それらの秋の洪水は、私たちの野営する場所からすこし南のチベットの山麓に降った早い雪が、日に当たってすぐに溶けてひき起こされるらしかった。数十本もの小さな流れが北の方に流れ下り、そして高原の砂地の中に姿を消す。もしそんなふうな春の霜溶けがあるとしても、偶発的かつ短期的なものでしかないだろう。

私たちの駱駝の持ち主の農場に野営のテントを張るときは、もう日が暮れていたが、そこはまだ同じオアシスの中だった。彼の農家には私たちを泊める部屋はほとんどなかったので、故国の人たちが過ごす夜とは何とちがうことかなどと考えながら、糞堆肥の山の傍にテントを張った。というのもその日はハロウィーンで、アメリカの普通の家の子どもたちなら、かんばしい香りの黄色い芯をえぐり出したカボチャに、両目の穴や三角形の鼻、ぎざぎざの歯のついた大きな口を開け、夕闇の中、それを持って近所の家々を忙しく飛び回り、純情な料理人や小間使いたちがヒステリーを起こすほどに驚かせるのだ。蝋燭が燃えて短くなると、「カボチャ」の生焼けの匂いがして、曲がった茎の下に開けられた煙穴の蓋は触れないほどに熱くなる。私は裏庭のポーチを覆う葡萄棚を這って二階の窓までよじ登ったとき、手にしたカボチャ提灯を押しつぶしてしまい、そこで突然夢から目が醒めた。辺りはもう真昼で、カボチャの焼き焦げる心地よい匂いは跡形もなく消えうせ、そこにはモンゴル辺境の農場があるだけだった。

それから二日間、私たちはしばしば水没する道を水を蹴散らしながら、また砂漠に自生するナツメの小木のごつごつした枝に脚を擦られながら進んだ。それでも、次の日の午後、本物の砂漠にたどり着いた。そこは辺り一面がアルカリで白っぽく覆われており、羚羊《れいよう》が駱駝イバラや、あちこちにまばらな牧草地の草むらの中を小走りに行ったり来たりしていた。日暮れになって、高い駱駝の背の上から遠くに長く連なる低いマウンドを目にし、それを見つめながら一〇分ほどぼんやりと歩きつづけた。しばらくして急に我に返り、隊列の先頭を歩いているジェイニに向かって大声で叫びながら駱駝の首から滑り降りた。たしかにそのマウンドは、他でいくつも見られる風で作られた砂丘の尾根のようにも見えるが、ただその真っ直ぐな線が余りにも長く延びているのは自然のものとは思われなかった。

手でそのマウンドを少し掘ると、まもなく柳とポプラの小枝が束ねられて杭のように立てられ、一列に並べられたものがいくつか掘り出された。それはスタインが西方へ向かってまもなく発見した、最も早い時期の長城の湾曲部にちがいなかった。スタインの発見は現代における最も劇的な発見のひとつであり、中国と中央アジアの古代史の解明に重大な影響を及ぼすものであった。並んだマウンドの稜線はおよそ五フィートほどの高さで、その地点からほぼ北東と南西の方向へ延びていた。それはおそらく紀元前一世紀ぐらいに建てられたもので、モンゴル高原から中国の領域を犯そうとやってくる遊牧民の侵入を防ぐための施設の一部分であることは疑いなかった。

日没までにまる一時間は残っていたので、その壁を一〇〇フィートほど調査することができた。所々に木の枝の先端や雑木の束が露出しているが、ほとんどはまだ数インチの土で覆われていた。そうした雑木の縛りつけられた柱は丈夫なナツメの木で造られた杭で、二、三フィートの間隔で立っている。そしてそれらの杭には斧で切られた痕、つまり鋭く重い道具でつけられた幅の広い削り口がはっきり見えた。

その夜は臓水宮〈「汚れた水の井戸」の意〉という井戸の傍に野営のテントを張った。翌朝は、取りかかった作業をつづけるのに充分なように時間通りに起き、それから五時間かかって一五フィート四方ほどの石造の基壇を露出させた。それは明らかに長城と何か関わりがあると思われるもので、かつてはその上に小屋が立てられていたようだ。低い自然石が同じような木の枝の束と同様の高さにしつらえられ、さらにわずかな日干煉瓦が藁の層の上に載っていた。その藁は無造作に置かれてはいたが、敷物としてはしっかりと織り合わされていた。そこには限られた空間に数層もの厩肥があることから、ここは見張り番の馬のために造られた馬小屋だったと思われた。もし人間自身がここに寝泊まりに使ったとしても、その痕跡はまったく見つけられなかったからだ。私たちが骨折った結果、二、三片の馬具用の綱やありふれた土器片を地表から採取したにすぎなかった。

その日の午後は、暗くて見えなくなるまで、ずっとその低い壁に沿って進んだ。その間、何ヵ所か壁を掘ってみたが、どこも水平に束ねた木の枝を垂直に立てた杭に縛りつけた同じ構造であった。いくつかの場所では激しい風がマウンドを吹き抜け、ねじったり向きを変えて表面を削り落としていたが、そうしたところでは腐食した木片が木の枝からはがれ落ち、その跡は黒く肥えた土のようになっていて、砂漠の灰色の砂や小石とはまったくちがっていた。この古代の壁の近くに野営するキャラバンは燃料に事欠くことがなかっただろう。というのも、ここでは無数の縄が残され、ちぎられ、積み重ねられ、そして二千年以上の年月乾燥したままになっているのだから。

二日後、私たちは黒い川〈渭河〉、あるいはモンゴル人にエツィン・ゴルと呼ばれている川にたどり着いた。それはとても大きな川で、泥の堤の下部を押し流して陥没させるほど流れが荒々しいので、駱駝の御者たちは水の勢いが衰えるまでそこで野営しようと言う。それを聞いて私は、川が流れ去るまで渡らずにじっと待っていたという、ローマの昔話に出てくる田舎者のことを思い出した。ジェイニと私はそれには断固反対し、何人かにズボンを脱がせて川の中に入って水の深さと沼地があるかどうか調べさせることにした。すったもんだして手間取ったのち、駱駝の御者頭が自分の小さなラバに乗って川の中に入り、やっと斜めに渡るコースを見つけたので、私たちは慎重に渡りはじめた。念のためキャラバンを三隊に分け、しかもどの隊も歩いて渡る人間に先導させた。そうすれば、たとえ先頭の駱駝が溺れても隊が全滅するのは免れられるからだ。駱駝は腹を水に漬けて進み、ジェイニの駱駝の鼻縄が切れてばたばたしたくらいで、無事に渡り終えた。

流れの右岸からさほど離れていないところに茂木鎮という城壁に囲まれた小さな町があり、私たちは砂漠の道を行くのに必要な燃料を分けてもらうために、紹介状を携えてその町の町長を訪ねた。これまでの何ヵ月にも及ぶ長い旅の間に、この貧しい辺境の町の町長である老紳士ほど、私たちを親切にもてなしてくれた人物はいなかった。私たちはこの壁に囲まれた町の限られたスペースの中で、むき出しのごみ捨て場にテント張ったのだが、その間、彼の役宅で食事を共にしたばかりでなく、夜を共に過ごすことができた。その町には三軒しか店がなかったが、どこでも同じようなものしかなく、私たちがほしいものはまったくなかった。

次の日の昼、辺境の守備兵に宛てた手紙を持った役所の警察官がひとり、私たちの道案内にロバ

エツィン・ゴルの二つの風景

に乗って同行してくれることになった。私たちは黒川に沿って、川の向こう側にある黒城の廃墟と思われる場所へと出発した。といってもその地点は特定できていないのだ。日が暮れるまで川の周辺に広がる農地に沿って進むと、手すりのない小さな丸木橋がいくつかあった。臆病な駱駝たちにその橋を渡らせることができなければ、水に濡れながら行く手に横たわる川を渡るよりほかはなかった。それからぬかるんだ沼地では、人間が駱駝の前に立ってはねをあげ、駱駝がゆるんだジャックナイフのように潰れないよう警告の叫び声を出して歩いた。それはとんでもなく長い行程だったが、やがてそよ風が吹いて暖かくなり駱駝に乗って進めるようになった。だがまもなく私は首と背中がひどく痛くなったので、駱駝の背から降りて隊列の後ろにつき、疲れ切った足取りでとぼとぼ歩きつづけた。

茂木鎮の町で犬を一匹手に入れ、駱駝の荷につないで連れていったのだが、誰かが近づくと噛みついた。私は以前犬を飼ったことがあって、いまと同じような状況で仲良くなったことがあるので、さほど心配しなかった。その犬だってせいぜい三日もすれば、きっとキャラバンの周りを走り回り、隊の一員になるだろうと思っていた。

一一時間ほど進み、夜の十一時頃、月の光りを遮って何か巨大な影が近づいてきた。それは燃料や駱駝の飼料としてオアシスから運んできた柴草をうず高く積みあげた何台かの荷馬車だった。それらの荷馬車に隠れて小さな四角い掘っ建て小屋があり、その中から長靴にスカートのついた長衣を着、縁なし帽を被った、モンゴル人の辺境守備兵が二人出てきた。私たちはあまりにくたびれていたので彼らと話しをする元気もなく、テントを張った後、冷えた夕食を取ってすぐ横になった。翌日目が醒めたときは太陽が高く昇っており、柴草を積んだ荷馬車も夜とともに消えていた。二人のモンゴル人は町長の手紙を読めなかったが、ほとんど問題はないようだった。彼らはとても友好的で、綺麗に細工した羚羊皮の束を見せ、それらを私たちに売りたがっていたが、あのとき買わなかったことをいまも後悔している。それらはミルクで鞣されたように白く柔らかで、そのときにも、あるいはその後にもモンゴル人にその鞣しかたを教わろうとしたのだが、はっきりとは分かりそうになかった。守備兵のひとりは長靴をはいて遠くの砂丘へ行き、羚羊を捕らえるのに使うバネ仕掛けの罠を取ってきた。その罠には大きなあご状の口があり、その口には皮のクッションで覆われた敏感なばね止め装置が付けられていたが、それには歯がなく、それは彼らがときどき使う火打ち石の付いたマスケット銃だと思われた。

おそらく何時間も前に定かでない国境線を越えたのだろうが、ついにモンゴルに入ったようだった。ときには砂嵐のようになる北西から吹き付ける寒風のに中で、私たちはテントをたたんだ。まもなく、さほど荷のないキャラバンと一緒になったが、そこには一五頭の小さい駱駝がいて隊の前後を跳ねていた。彼らは群れからはぐれたり、立ち停まって草を食べたり、ときには狂ったように平原を駆け回って鬼ごっこをするので、モンゴル人の駱駝飼いたちはひどく困っていた。駱駝飼いのチーフは堂々と背の高い白い駱駝に乗っていたが、その駱駝はカウボーイの馬が仔牛を群れに戻らせるように、仔駱駝に遊びをやめさせるよう訓練されていた。群れからはぐれた一頭の仔駱駝が道の右の方にわけもなく疾駆していくと、その駱駝は乗り手をその仔駱駝の背後に連れていき、その後脚に噛みつくか、群れに戻るよう肩で押したりした。中でもいちばん小さい仔駱駝はおそるべきチビで、砂嵐の中を走って目と鼻をひどくやられていた。彼らはいずれも新たに押された焼き印で脇腹が赤くただれており、荒れ狂う気候にほとんど適応していないようだった。

　ますます寒くなって、駱駝に乗って行くことができなくなり、たったの五〇里〈およそ一八マイル〉ほどしか進めなかった。それでも、三龍姿沙窩、すなわち「低い砂の三角地」というところにテントを張ったときはとても嬉しかった。この旅程の間ずっと私たちの左側に川があり、対岸に二度廃墟が見えたのだが、あまりに遠くてその外見すら探ることができなかった。帰路には必ず探査しようと心に誓ったのだが、どんな苦境の中をその道に戻ってくるのかには思いも及ばなかった。

第十章　マルコ・ポーロの町、エドゼナ

寒さでふるえながら目醒めると、錫製のたらいの水はシャワーを浴びるには無論のこと、髭を剃るにも充分でなかったが、寒風の中でも旅は順調だった。午後の間中、川はずっと左側に遠く離れていたが、日が暮れると道は高い土堤に行き着いた。初め辺りは不毛の地だったが、まもなく柳やポプラの茂みが現れ、その中を夜中まで歩き、川辺に近いキャンプ地へよろめくようにたどりついた。私たちが疲れ切った駱駝を叱咤しながら木々の間や砂丘を越えてうねるように進んでいるとき、近くにあるモンゴル人のキャンプで番犬がその音を聞きつけ、警告するように遠吠えをしたが、たき火やテントを目にすることはなかった。私たちの連れている犬はもうすっかり懐いていた。犬は私たちの両側や後ろを警護するように歩きまわり、駱駝の群れの間を出たり入ったりしていたので、少なくとも私たちより二〇倍は多くの距離を歩いただろう。もはやその尻尾をみじめに

引きずることもなく、黒と白の長い毛を振るたびにふるい落とされた埃がきらきらと光った。

その後の三日間は昼も夜もますます寒くなるほかには、すべて前と変わらなかったが、進むうちに突然川の水が消え、暗がりの中で黒川の支流を通りすぎたことに気がついた。ガイドはそのとき駱駝の背の上で居眠りから覚めており、真に有能な隊の一員であったが、別段慌てたふうもなかった。彼はいつも午後から夜までずっと居眠りしており、時折私たちの誰かが野営地までどれぐらいか尋ねるときだけ目を覚ました。そのときの彼の答えは気分によっていつも変わったが、野営地までの距離と彼の気の短かさはまさに反比例していた。

歩いていてとても暖かいので、一〇フィート高いところに腰掛けて半ば強風を楽しもうなどと物好きにも考えたとき以外は、私はほとんど駱駝には乗らなかった。ガイドが駱駝の背の上の小さな御者台で、形のくずれた包みが前後にゆすぶられているかのような状態で、奇跡的にバランスをとっているのを、いつも羨ましく眺めていた。星空の下で辺りの風景が何も見えない中、たとえ目じるしがあったとしても、彼はそれを通り過ぎてしまうのではないかという気がしていた。しかし、彼はいつも夜中か夜明け前に駱駝の首から滑り降りると、羊皮の長いコートを腰の辺りに巻きつけ、しばらく咳込んでから前方の道を走っていった。それは私たちが痛んだ脚を休めたり、絶えず吹きつける風から待避する場所を見つけたりするためなので、嬉しかった。私は小走りで彼の後を追い、彼が最も適当と思う場所を見つけるまで、ときには一マイル以上も走らなければならなかった。

彼は河床にたどり着くと、幅が広く短い足で砂地をひっかきまわし、また小走りに前へ進み風でできた隆起を見つけるとまたひっかいて――身をかがめる間も惜しんで――さらに前に歩きつづけた。それから彼は地面に四つ這いになり、テリア犬がウッドチャック（北米産のモルモット）の穴に向かうように、ごつい手で砂を掘った。掘り出した砂が湿っていると喜んだが、そうでないとがっかりした。砂が気に入らないと、さらに数ヤード進んではまた掘った。そうやって水を見つけると、急いでもとの道を引っ返し、大声で怒鳴りながら小走りに駱駝隊のところに戻り、力ずくで隊をキャンプ地に向かわせた。何人かがキャンプを設営し火を燃やしたりしている間に、他の者たちはシャベルやつるはしをかついで井戸を掘りに出かけた。この辺りでは四フィートも掘れば地下水脈にぶつかるのだ。

夜遅く幽霊のような柳の茂みでキャンプし、翌朝目が醒めると、さして遠くない場所にモンゴル人のユルト（遊牧民の円形の移動住居）を一対見つけた。私は彼らを訪ね、一緒に豆のお粥や、煎ったキビをバター入りのお茶に溶かしたものをごちそうになった。冷え込んだ朝にそんなスープを飲むのはとても嬉しかったが、思わず一〇年前の一八日間もの長い旅でそれ以外に食べるものが何もなかったときのことを、奇妙にはっきりと思い出した。そうした日々はもはや帰らぬ過去となり、より新しいいくつもの感想の中に埋没してしまっていると思っていたのに、いまはっきりと蘇ってきたのだ――三〇〇頭の駱駝を連れ、その駱駝がしだいに弱り、毎日疲労がつのる中を絶望的な気分で過ごした数週間の慌ただしいキャンプ生活の後に、現地人の同行者たった二人とともに出発するという奇妙な孤独感。宿泊地ごとに何マイル進んだか、どれくらい食料を消費したか、連れて行った二頭の馬と荷物を積んだ一頭の駱駝があとどれくらい保つかを計算したことを思い出した。強行軍の数学的計算はひどく単純なものである――時間、食料、そして正確に算定された耐久力――もしその三つの要素の中でひとつでも欠乏したら、その結果は苦難であり、ことによると最悪の事態となる。幸いにして私たちの現在の探検隊はそんなひどいことになっていないし、友好的なモンゴル人のキャンプもさして遠くないところにあったのだ。

ユルトの中では、美人の若い奥さんが、靴の縫糸用の蠟と尖った錐を使って大きい靴を縫っていた。彼女は、私たちをもてなすために硬い革の箱から貴重な磁器の茶碗を取り出し、汚れた布巾で拭いてからお茶をついでくれた。それから彼女の姑は彩色された箱を開けて塩と南方産の粗い黍粉を取り出し、湯気を立てている私たちの茶碗におしげもなく入れてくれた。テントの隅には多くのモンゴル人主婦が日常的に行う服作りのための毛皮と革紐が置いてあり、それらの中に深みのある褐色の羽毛が私の興味をひいた。それは硬い羽根を引き抜き柔らかい羽毛だけが残っている一対の鷲の皮で、獣皮をなめすような工程ののちに柔らかで丈夫なものになっていた。それをカットして帽子の耳覆いに付けると、他のどんな毛皮より暖かくて軽いということだ。以前、芸術家のアレクサンダー・スコットが、アフガンの辺境で山羊の毛と鷲の柔毛で紡いだ不思議なスカーフを貸してもらったが、それはほとんど薄い絹ぐらいの軽さなのに、凍てつくような寒さから顔と耳を守ってくれた、と言っていたのを思い出した。私はさっそくその鷲の皮を二枚買った。アメリカに持ち帰って帽子の裏地かスカーフにしようと思ったのだ。その後、高原のすさまじい風の中でその帽子を被ったことが二、三回あったが、それは魔法でも使ったように、電熱器にあたるような暖かさで凍りつきそうな私の耳と頬を完璧に護ってくれた。私たちが後に見た褐色の巨大な鷲が、チベットの険しい岩山の上に飛び、そして霧や雷雲の中から黒い鶏や若い山羊、あるいは狼にですら餌食として飛びかかりさらっていくのも、不思議ではなかった。なんとすばらしい鷹狩よ！　どんなに新しいゲームが発明されたとしても、拳に高く鷲を止まらせ、世界の屋根に連なる山々の切り立った尾根に立って、その鷲をより高く獲物めがけて飛ばす若いトゥルクメンのそれを上回るほど気分を高揚させるものはないのではないだろうか。大草原で暴風雨に会うとすぐに鷲の皮を首に巻くのは、ニャーニャーと鳴き声をたてる鳥とともにただひとり嵐雲の中で山を攀じ登るその若い狩人に、何か私と似通うものがあるような気がするからだ。

まもなく、この燃料に不自由しない干上がった河床を後にし、砂漠を越えて黒城のある東に向けて出発する日がやってきた。その日の夜、私たちは他のモンゴル人のユルトの近くにキャンプし、殺して食べるために羊を一匹買った。ガイドはその打ち捨てられた場所に至る、より長い距離の道を知っていたが、もしこのところ吹き荒れている強風に吹き散らされていなければ、田野を横切って直接その地に行く道があるということだった。

ここのモンゴル人たちは、私たちが目的地に着く前にもう四日ほど河床に沿って進み、彼らのプリンスがキャンプしている場所へ行ってほしいと強く望んだ。もしそうしてくれるならば、私たちが直接黒城に行くための道案内をつけてくれると約束した。だが、私たちはすでに旅程を決めているので、やむをえず彼らの見えすいた嘘に耳を傾け説き伏せるために、砂嵐の中しぶしぶ出立を一日延ばし、翌朝早く二、三日分の水と燃料を持って、でこぼこ道を出発した。

風のない朝、道なき道を羅針盤、さらにはガイドの第六感により多く頼って北東に向かって進んでいった。駱駝たちが砂丘をよたよたと歩いていくと、いつしか辺りは死滅した森の陰気な迷路に代わった。そこではすべての木が倒れて横たわり、木の根や白くむき出しになった枝々が行く手を塞いでいた。さらに進むと多くの砂丘があり、そのうちのいくつかはゆうに五〇フィートもの高さがあり、ほとんど切り立っていた。午後の一時、それらの砂丘のひとつから呼び声が聞こえ、頂上に前屈みになったガイドの小さな影がぼんやりと見えた。側面の茂みをかき分け、滑りやすい砂地に足を取られながら登り、一五分ほどしてやっと彼のいるところにたどりつくと、彼は曲がった指で地平線の方を示してみせた。

遠い地平にわずか一インチほど不自然に平坦なところがあり、その上に針のようなものが一本突き立っているのがすぐに分かった。それ以上は教えてもらう必要がなかった。オーレル・スタイン卿の写真で熟知している、小さな宝塔を上に乗せた城壁にまちがいなかった。それはマルコ・ポーロが見た城壁で、彼はその城門を通ってエドゼナの町に入ったのだ。私は砂丘の下で駱駝と一緒にいるジェイニにむかって大声で叫びながら、険しい砂の坂をしゃがんだり、走ったり、転げたりして滑り降りたので全身が砂まみれになり、下に降りたときにはポケットやブーツ、乗馬用ズボンの中からさえ砂を掻き出さねばならなかった。そのときは午後の一時になっていたが、一時間以内には黒城に着きたいと思い急ぎ足で出発した。いくつかの峡谷をもがきつつ登ったり下ったり、また優に九フィートはある葦の茂みをぬって干上がった湖を渡り、石ころだらけの坂をあえぎながら登って、町の東の門に着いたときはすでに三時半になっていた。いまから六世紀も前、マルコ・ポーロは遙か彼方のカラコルムにある大カーンの宮廷に向けて、四〇日もの砂漠の旅に出かける準備をするために、駱駝に乗ってこの町に入ったのだ。

いまでは、身元証明書を改めるために出てくる番兵も、城門のバルコニーから身を乗り出し暇つぶしに珍しいものを見下ろす弓の射手も、また私を迎えるためにお茶を入れたり慌ただしく部屋の掃除をしたり、駱駝の飼料を取ってくる宿もなかった。突然一羽の小さな灰色の鷹が壁の上のほうにある巣から矢のように飛び出し、翼を広げたまま、石ころととげのある灌木のまばらな茂みの上を低く飛んでいった。ほかには生きものはまったく見あたらず、それどころか晴れた大空に移動する雲さえ見えず、足下を這いまわる甲虫もいなかった。幽霊も歩かないような陽の高い午後のことだった。だが、それらの堅固な城壁が人の力で建てられたものであることは確かであり、その小さな廃墟の町にはまちがいなく彼らの霊魂が宿っているように思われた。そしてそこにいる間中、昼も夜もその思いが私の脳裏から消えなかった。

私の前には防御用の巨大なカーテンウォールが立っていて入口が分からないので、裂け目を見つけるためにその周囲を巡らなければならなかった。その城壁は高さが優に三〇フィートはあるようで、最上部の所どころに狭間を設けた箇所が壊れずに残っているのが見られた。しかし、略奪のため来襲する砂漠の騎馬団を寄せつけなかったその城壁も、砂漠そのもののゆっくりした猛攻撃に対しては無力だった。砂が作り出す長大な龍たちは、私が立ち停まって眺めた石ころだらけの場所か

西の城門とカーテンウォール

東の門からみた内部のようす

ら始まり、突起のある背骨を地面に横たえ、頭をまさにこの城壁の上に休めているのだ。所によっては腹が城壁を乗り越え、その前部分が壁の下にある無人の市場に覆い被さっているのも見られた。それはまるで、宿の主人たち、物々交換のために城外からやってきた農夫たち、婦人や僧侶たち、それら黒城にいた人びとをすべてむさぼり食い、死に絶えた獣のようだった。

城門前に立つカーテンウォールの周りを歩いてみると、柔らかな砂の胸壁に行き当たったが、それには微かに狼の足跡がついていた。その上から町全体を見渡してみて、一〇日間ほど滞在してこの町のようすを詳しく調べようと考えた。まず印象に残ったのは、砂丘がなす龍の頭が城壁を乗り越えて城内へ伸びている以外は、砂に洗われた石が一面にころがっていることだった。あちこちにほとんど形をなさない廃墟のかたまりがあり、それらの中に三つか四つ小さな仏塔が形をとどめて立っている、というのが最初に目に入った内部の光景だった。もしそれらがまだ誰にも触れられていないなどと思ったら、私たちにこの黒城の存在を教えてくれたあの博識なコズロフ教授やスタイン卿に失礼だろう。彼らはそれらの仏塔の角を叩き切り、中に納められていた興味深い品々をすべて持ち去ったのだ。いや、すべてではない。それらの塔が建てられるときに、その基壇には数百個、あるいは数千個の土製の小仏塔や、仏陀の像を刻んだ未焼成の土製円盤が埋め込まれているのだ。

しかし私はとどまってはいられない。私たちの問題におおよその見当をつけるまでは城壁の内部を歩き回って情報を探りだし、その細部までしっかりと記憶にとどめなければならないのだ。石ころの中を足を引きずりながら歩くと、どこもかしこも陶器の破片が散らばっており、彩釉されたものも、されなかったものもあった。半分に割れた大きな石臼や、建物の角を示す場所に黒焦げになった杭も立っていた。どこを街路や路地が走っていたかや、立ち並んだ家々の間を行く駱駝の隊列を通すために人びとが家の中に身をよけるようすなどを想像してみた。あるとき、ごみの山をあさっていると、ジェイニが向こうのほうで地面にかがみ込んで何かを拾い上げているのが肩越しに目に入った。そのとき私は一瞬、良心の呵責を覚えた。というのは、私はどんどん前に進んでしまい、この廃墟となった町での強烈な初体験を彼から騙し取ってしまったような気がしたからだ。だが、革のコートと乗馬ズボン、そしてステットソン（アメリカ製ソフト帽の商標名）がすでにそこにいるのを知った驚きで、そんな気持ちはかき消えた。ジイェニはちがう方角からやってきて、砂丘を裏側から攀じ登り、城壁の中ほどにある狼の通り穴を探り当てそこを通り抜けるという、私よりもっとドラマチックなやり方でこの町に入ったのだ。その後、彼と情報を交換するとき、彼はすでに二枚の西夏時代の銅貨をみつけてその位置を記録し、賢明にも明るい色の塗られた梁が頭を出して埋まっているその場所を手付かずにしてあるという。私のポケットは陶器の破片をいっぱい詰め込んで膨らんでおり、それらを一日に何回もバスケットに移しても、そこに滞在した間中、ポケットは膨らみっぱなしだった。

夕暮れ間近に駱駝隊が到着し、宿営地を決めるために予備調査を止めざるをえなくなった。結局、城壁に沿って、南東角の壁上に立つ小さな塔の下にキャンプすることにした。隊員たちが六マイルほど離れた場所に井戸を見つけたので、私たちが黒城で調査している間、駱駝やその世話人たちをそこへ行かせて飼料の草の傍にキャンプさせ、毎日水と燃料を私たちのところに運んでもらうようにした。その夜は水や燃料もたっぷりあったし、テントも迅速に張られて、炊事用の焚き火もよく燃えていた。だが翌朝、悪天候時の避難用研究室が手近なところにないことに気がつき、キャンプ地を城壁の外側にあるイスラム風の奇妙な小さい建物の陰に移した。その建物のポーチに煉瓦を積み重ね、タールを塗った防水シートを張り、一方だけが砂埃と風に向かって開いている仕事場を作った。

次の日、私たちはすでに決めていた役割りにしたがって仕事に取りかかった。ジェイニは町の平面図の作製だが、これはスタインやコズロフたちの精密な調査があるので充分に満足のいくものとなるだろう。その一方で、私はどこから作業を始めるかを決めなければならなかった。私たちは、発掘のために連れて行った人夫四人と、有能でやる気充分の王——彼は私たちの秘書であり通訳でもある――そして私であったが、城壁を乗り越えていくつも町に入り込んでいる龍のような砂丘を、そのどれかひとつでも取り除くのに充分な人手とはいえなかった。風に砂が吹き払われて露出した地面にだけ範囲をしぼって発掘しなければならないことは明らかだった。砂丘の背を掘るのはギリシヤ神話のタンタロスに課せられた仕事のようなもので、私たちが掘るそばから崩れやすい砂は、いずれの穴やトレンチに滑り込んだ。作業をつづけるためには二〇人の人夫とその二倍もの運搬用の籠、そして多分厚い板の囲いも用意する必要があるだろう。

言うまでもなく私の主たる関心は壁画を見つけることだったが、それもまた先にやって来た人たちと同じようにはいかなかった。彼らはあらゆる壁をはぎ取り、密閉されたすべての小仏塔から中身を取り出していたので、その地下で壁画を探しても無駄なことが分かっていた。しかし三つ四つ残る寺院の壁のうちのひとつが一〇フィートほどの高さで立っているのでもう少し調べてみる気になってよく見ると、わずかな明かりの中に、台座に座る大仏の像が斜めの角度からかすかに見えた。かすかに見えるほっそりした腕、丸みをおびた肩、そして卵形の顎から想像して、それはきっと壮大な画像にちがいなかった。だが、私が明かりのさすあらゆる角度から画像を眺め、何回もカメラを据えはしたのだが、その壁画を記録として写真に残すことはできなかった。これまでに何人もの人が自分がはっきりと見た亡霊を撮影しようとし、たしかにそれらがあったと信じつつもネガ

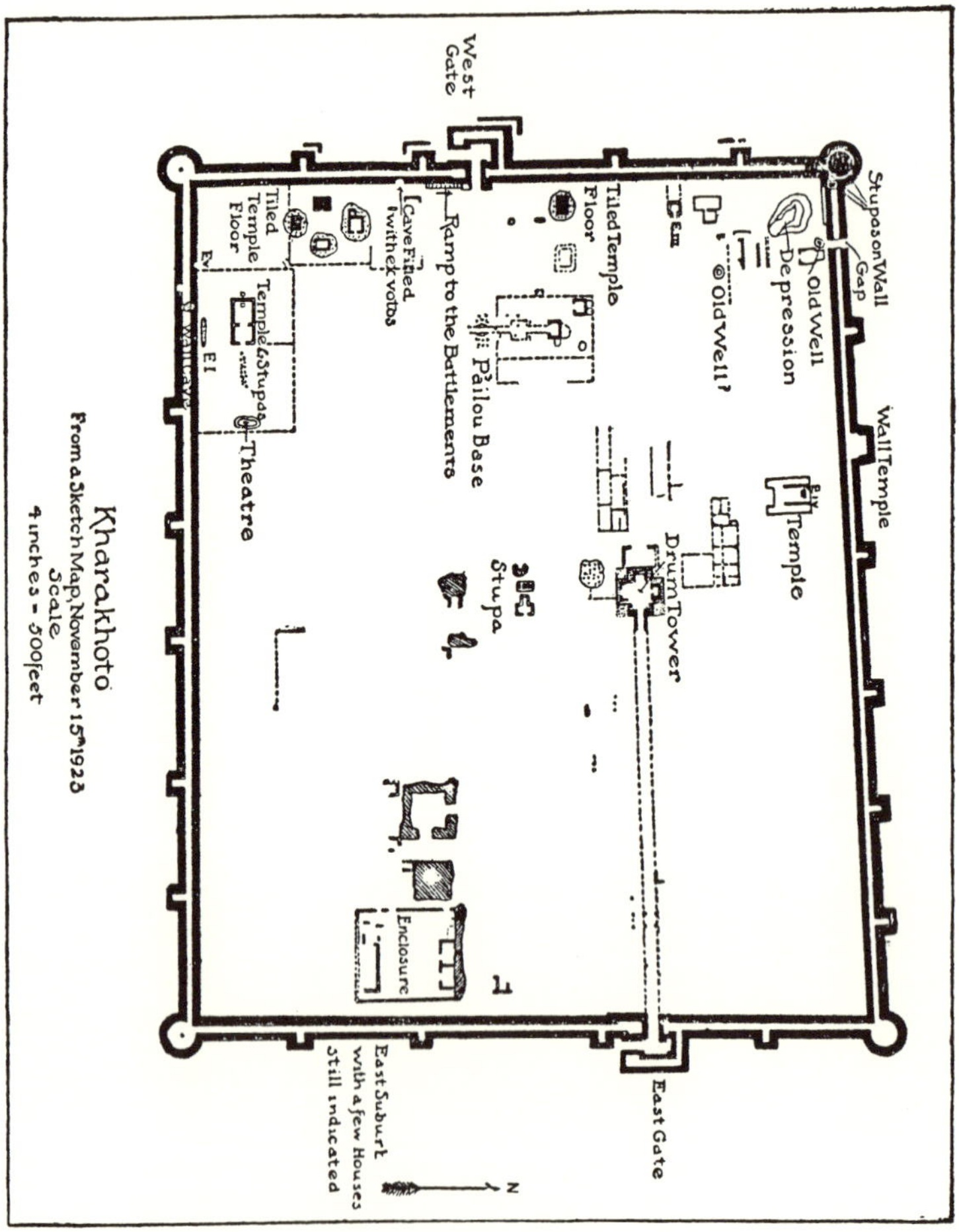
Stupas on Wall
Gap
Old Well
Depression
Old Well?
Wall Temple
Temple
Drum Tower
Stupa
Pailou Base
Tiled Temple Floor
West Gate
Ramp to the Battlements
Cave Filled with ex votos
Tiled Temple Floor
Temple & Stupas
Theatre
EI
Enclosure
East Gate
East Suburb with a few Houses still indicated
N
Kharakhoto
From a Sketch Map, November 15th 1923
Scale
4 inches - 500 feet

に何も残すことができなかった。ことによると私も、中世の壁画という、実在はするが撮影用感板に残すにはあまりにも希薄で幻のような存在に出会したのかもしれない。

町の中心部にほとんど形をなさない瓦礫の山があったが、よく調べてみると一五フィートほどの高さに粘土を固めた土壇の上に建てられた、複雑な構造の建物の残骸であることがわかった。その入り口にすべて傾斜した道が町の西の城門に向かってほぼ同じ線上にあることから、それはまちがいなく町の中心の大通りにあたるものと思われ、私たちは不遜にもそれを「本通り」と呼んだ。その建物は多分かつての鼓楼だったろう。中国では新旧を問わず、いまでもそうした塔が町の中心の交差点を跨いでいるのだ。

古い道と壁の姿をよみがえらせるために、崩れた建物の址や瓦礫の山が漏らすわずかな情報も見逃すまいと、私はそれらの壁の回りをぐるぐると巡った。昼頃には問題の所在が明確となり、その町を系統的に発掘するなど問題外だということが判った。例のひとつを除いては、スタインかコズロフがすでにすべての寺院基壇の址を掘り返し、三つの小仏塔の中身も取り出し、さらにいくつも穴を掘ったり試掘をしたりして、私たちにとってまったく思いやりに欠け、許せないようなごみの山ばかり残してくれたのだ。さらにそこかしこに、それらの壁の上を大きな龍の砂丘が走って平らな地面まで延び、地表に残る町の跡をすべて覆い隠しているので、私たちのような小さな調査隊では発掘できるはずがなかった。

というわけで、私たちの仕事は建物の壁の断片を追跡調査することに限定されてしまったが、それは大変な時間を要するばかりでなく、一般的に考古学者の仕事の中で最も複雑なものであり、あるいはその手がかりに導かれて町のとんでもない方に行くことを私は恐れた。まだ発掘されていない寺院の址があるかどうか明らかにしなければならないし、ジェイニが言う色が塗られた梁もそのままである。少なくともそれは確かなので、夕食後みんながそれぞれの雑用を片づけ駱駝も井戸のそばの野営地にもどって行ってから、私はその標識の掘り出しに取りかかった。

それは梁などではなく、丸太を芯にして粘土を巻きつけた仏像の巨大な胴部で、彩色がほとんど残っていた。それは城壁に向き合って建てられた寺院のすぐ外で、城壁の下の方に横たわっていた。その日の午後と翌日の半日をかけて、頭部の欠けた小像と黄色い粘土をゲッソ（石膏）で覆った上に彩色した彫像の破片から砂を取り除いた。これらはことによると、スタインかコズロフがいつか取りに戻りたいと思って残していったか、あるいは寺院で火事が起こったときに僧侶が放り出していったか、それともコズロフが考えたように中世の末期に町が略奪されたときに打ち壊わされたのかもしれない。

それからその辺りの地面を数ヤードほど詳しく調べてみたが、それ以上には何も収穫がなかったので、私たちが作業している場所の真上、城壁の半ばほどの高さにある奇妙な穴に注意を向けた。それは明らかに人工の穴で、穴の中に吹き込んだ砂を掻き出すことに取りかかった。穴は狭いので、ひとりが中にしゃがんで砂を少しずつ外へ押しやり、それを穴の入口の壁面を削ってしつらえた棚に立つ人夫が籠に入れて運び出すようにしたので、作業はなかなか捗らなかった。ジェイニは離れた場所で町の地図を三角測量で描いていたが、紙の上に吹き寄せて鉛筆書きを邪魔する砂に苦しめられていた。ずっと穴の中で素手と移植ごてで砂を掻き出していた私は、突如穴から首を突き出して大声で叫んだ。そして走ってやってきたジェイニに、六インチ四方の壁画のかけらを籠に入れて渡した――初めて見つかったものだ。ほんの小さなかけらだったが、彩色ははっきりしていた。後で落ち着いて見ると、単に花柄を描いただけのもので、現代のリノリウムの床敷に描かれた模様の、ある種のパターンによく似ているような気がした。それはもちろん本来の位置からではなく、その穴から出てきたものではあるが、たしかに壁画なのだ。

その後の半時間で、頭のない粘土像をもっと多く見つけたが、どれもとてもきれいで形も整っていた。午後、穴の砂をほとんど掻き出すと、穴の片側の角に板が一枚現れた。それをどけると小さな貯蔵庫が現れ、中には小さな物が雑然と入っていたが、それらを取り出すのにまる一〇時間もかかった。ほとんどがひどく壊れやすい彫像の破片で、ごちゃごちゃに入り交じっていたからだ。も

掘り出された寺院の床

城壁の外のキャンプと研究室

たれかかった側の壁の角には、壁画の破片がたくさんあったが、今度のはリノリウムに描かれたような単純な模様でなく、まさしく柔らかな曲線とあざやかな色彩で滑らかな漆喰の上に描かれた仏画の頭部だった。

戦争（第一次世界大戦か）の前にサンクト・ペテルブルグで、コズロフが黒城で発見したすべての彫刻物を見たことがある。私が見つけたのは破片ではあるが、それらの品々の中にこれと同じようなものはなかった。これらは優れた流派の手になる仏画で、繊細な筆致で描かれた輪郭が薄く彩色された平面ときわめて優雅に境いをなし、描かれた姿や輪郭をはっきりと現していた。それが人間の表情や人の手になる衣を描いたものでないとすれば、まぎれもなく神々の容貌と衣装であろう。オーレル・スタイン卿は私たちのものよりもっと完璧な資料を多く手に入れたかもしれないが、だからといって私たちの喜びを損なうものではなかった。アメリカには漆喰に描かれた中世の仏画はこれまでにひとつもなく、絹布か紙に描かれた良品が数点あるだけなのだ。

まだ発掘をしてない寺院の基壇を一基調査したとき、最後に、神話上の海獣がマジカルな円の周囲にいくつか巡らされた、古い時期のきれいな青銅製の鏡を一枚見つけた。さらに模型の小仏塔も無数あり、中には敬虔な仏教徒の髪や経典や穀類の粒がすこしずつ納められていた。それらはすべてハーバード大学のフォッグ（現サックラー）博物館に提出する報告書に記さなければならない。

四人の人夫と疲れを知らない王は九日間頑張ってくれた。絶えず位置を変える高い砂丘の地下にあって取り出すことの不可能なものを除けば、博学で練達な先人たちがすでに科学的かつ徹底的な調査をなしている。もし私たちが自分たちの動機にもとづいた探検の旅に乗り出さず、なおも他人の跡を追いかけようとするならば、多くは望めないだろう。そう思い当たったのはさらなる探検を始めるにあたって幸いなことだった。いまはその町が遺棄された時期——そうマルコ・ポーロの一世紀のち——の文化についていくらか理解できるようになったし、アジアの砂漠地で発掘調査をするにあたっての方法や技術についてなら私たちがいちばんよく知っていると言えるのだ。

第十一章　砂漠の冬

ひどく寒い日がつづいていた。肌をさすような風が絶え間なく吹きつける中で写真を撮るのはかなりつらく、苦痛のあまり大声で叫びたいほどだった。キャンプはそんな状況に耐えるのにはほど遠く、強風からいくらかでも守ってくれるのは作業室だけだったが、小さな囲炉裏に絶えず駱駝灌木を燃やしても、身を切るような寒さを防ぐことはできなかった。これから三ヵ月あまりの旅をするために駱駝や馬車や蒸し器など、旅に必要な物を準備したり荷造りしたりしなければならず、それは私たちの思考力に余るような仕事だった。膠《にかわ》と布、ひも、紙、近くの干上がった沼地に生える背の高い葦で編まれた筵《むしろ》、そして甘州で作った箱などが梱包材だった。それらが最後にひとまとめにされると、欧米人の目から見てひどくぶかっこうなものではあったが、運搬にはしごく相応しいものだった。

その後、突然雪が降りだして、嬉しいことにそうした仕事も自然に終わることになった。雪が白い毛布のように地面のあらゆるものを覆ってしまい、発掘を続行することが不可能になったからだ。この砂漠で雪が降るとはまったく予想外のことだったが、後でモンゴル人に訊くと、真冬には毎年一、二回にわか雪に見舞われるとのことだった。春か夏に雨が降るならば土地には大変な恵みとなる。しかしその雪は一、二日のうちに風に吹き払われてしまい、気温が零度以下であっても、太陽が湿気を大気中に吸い上げてしまったかと思われるほど、地面には湿り気はまったくなかった。

雪は夜から明け方まで降りつづき、冷え冷えとした陰鬱な天気だったが、日が昇ると、桃色がかった灰色の城壁に囲まれた古い町は、カラーラ大理石のような霜で全体が覆われていた。周囲の平原は耐え難いほどの明るさで、年老いた長い龍が城壁を乗り越えて町の中に頭を垂れているかのような砂丘も、全身が銀色の鱗に覆われていた。城壁の内側の白い町はこれまでに増して寂しげだった。私は砂利や毀れた陶器や瓦のかけらの散乱していた場所を歩き、後ろに出来たまばらな足跡を、まるでロビンソン・クルーソーが初めて見つけて驚いたフライデーの足跡を見るかのような思いで見つめた。

私は、虚しい望みとは分かっていたが、そんな魅惑的なもの、そして凍るような寒さを語る何かを持ち帰りたいとの思いから、写真を撮りたい衝動を抑えきれなくなっていた。熱に浮かされたようにあちこちを走り回って、すでに知り尽くしている景色を初めて見るかのように撮影した。ざらざらした道は滑らかになり、砂混じりの風に磨かれて緩やかな曲線を描いたが、それはまたざらざらになった。だいぶ前にシャッターのオイルは凍ってゼリー状になっていたため、その使用をあきらめて帽子で露出を加減せざるをえなくなっていた。本来ならレンズの絞りを回して焦点を合わせるのだが、それがまったく動かなくなりレンズが開いたままの状態になっていた。それでも私は次々と写真を撮った。町の全景を納めるために城壁外の平原を遙か遠くまで走ったり、さまざまな異なった角度から城壁の角を撮ったり、荷物や繋がれた駱駝の周りに踏まれて黒い地面の見える私たちの小さなキャンプを、城壁に登って撮影したりした。だが、そんなにも骨折って撮影し、そして故国に持ち帰ったときにはまずまずの出来栄えのように思っていた写真なのだが、あの白く装った黒城のまれに見る壮観を捉えてはいなかった。

昼頃、私たちはテントを撤収し、もと来た道を辿って、満月の翌日なのに巨大に照り輝く月の下を越えたあの河床に戻ってきた。夜の九時、さほど遠くないところから聞こえるどう猛なモンゴル犬たちの声にほっとしてキャンプを設営し終えた。荒々しい犬どもが首輪から脱け出して噛みついてくる心配があったとしても、遠くから聞こえるそんなやかましい吠え声がなぜか心地よく、また長い旅程の終わりを思って心温まる気持ちになったのだ。それは焚き火と身を隠す場所、そして痛む足を伸ばせるせいだった。夜を徹して歩きつづけることはめったにないし、ほとんどいつも昼下がりにテントを撤収し深夜になる前には水のあるところに着くとはいえ、かなりきつい行程ではあった。私たちはまちがいなく丈夫ではあったが、二、三時間歩き、それから半時間ぐらい駱駝の背に揺られたあとは、いつもぐったりとなるのだった。その後は、暗闇が遠くの景色を覆い隠し、羚羊《れいよう》の影や夜行性の小動物が雪上に残したわずかな足跡を見ることもなくなる。そして苦痛、あるいは快感にかかわらず思いは自ずと内側に沈潜し、雪に覆われた平原という現実よりも、もっとリアリティーをもって鋭く研ぎ澄まされた。

月が昇ると、辺り一面はよこしまな美しさに覆われた。一五頭の駱駝の背に揺られて心地よくまどろむこともなく、道に佇んで夜明けを待っていたならば、おそらく朝までには確実に死んでしまうだろう。着ているものが何枚か薄かったら、もっと速く死ぬことになる。空には一面、星が輝いているが、地平線上には霧状の雪が白い月光を浴びて乳白色に光って、低くたれ込めていた。北斗七星は北極星を巡って不規則に奇妙に揺れており、ときには眼の前で沈みこんだかと思うと、眼を離しているすきに滑るように元の場所に戻っていた。私たちはひどい寒さのため常に小走りするように足を動かし、強風に身をよじり、また肩を丸めながら進んでいった。自分では適当な速度で歩いているつもりだったのだが、気がつくと自分たちはもうだいぶ前方に行ってしまい、そのため急ぎ足で駱駝のところに戻らなければならなかった。ホームシックや自分たちのやっていることの意味への疑念に取りつかれ、北の砂漠の長旅では避けがたい倦怠感に襲われつつ、二番目の駱駝に乗っているガイドが目醒めて、テントを張る場所を探すために駱駝の首を滑り降りて前方へ小走りに駆け出すまで、私たちは毎日午後から夜にかけて砂漠の中をもがくように進んだ。

私たちは、寝るときはパジャマに着替えるという習慣をかたくなに守ってきたしそれに誇りをもっていたが、いつしかその誇りもかなぐり捨てて、ただ靴を脱ぎベルトを弛めるだけで、服を着たまま寝袋にもぐり込むようになっていた。道中の疲労と容赦なく吹きつける風のために、服を脱ぐのが嫌になってしまったのだ。午後から夜にかけての時間は悪夢のように長かったが、夜遅く寝て次の朝目が醒めると、外では火が焚かれていて、朝食も用意されていた。だが、悲しいことにコーヒーはない！　私たちは焚き火に近寄って髭を剃り、ハイネックのセーターに毛皮のコートの襟を立て、ときには手袋をして辺りをぶらぶらと歩き回った。

昼になって駱駝たちが牧草地から集められはじめると、私たちは寝袋をたたみ、用具の荷造りをしなければならなかった。たたまれたテントと、雪に覆われた地面に一箇所だけ残る黒い痕跡を見るのはいつもつらかった。そこは一時的とはいえ私たちの避難場所であり家だった。テントの中で眠り、その場所で二度の食事をし、ともに焚き火を囲んで生活をしたのだから。その場所を離れて雪の原をさらに長時間、とぼとぼと歩いていくのは嬉しいことではなかった。

夜には空は澄みきっていたが、昼間はほとんど曇っていて風がヒューヒュー怒号していた。だが二回ほど、朝目覚めたときにクリスマスカードにあるような景色を眼にした。私たちがキャンプした雑木林の小枝にはどれも霧が凍りついており、陽光がそれらの小枝に当たってキラキラと輝いていた。その近くを流れる黒川の浅瀬は、一本の真っ黒な割れ目を残してすべて凍りつき、その割れ目はきらめく白雪の丘を流れる一本の狭い水路となって水が激しく流れていた。

その朝はアメリカの感謝祭の日（十一月の第四土曜日）だったが、昼、次のキャンプ地の三龍姿沙窩をめざして一五マイルほどの短い行程に出発した。そこは二四日前に一晩泊まった場所だった。もしワインのボトルがまだ凍っておらず、燃料が容易に手に入るならば、そこでごく簡素なセレモニーを催せるかもしれない。しかし月もなく日が暮れ、風が吹き出すと、初めはひやかす程度だったのがやがて激しく吹きつけて、私たちは道に迷った。ガイドが駱駝から降りて前方に歩いていくのを見て心穏やかでなくなった。彼はキャンプ地を探しているのではなく、ただ一行をもとの道に戻そうと懸命になっているのだと分かったからだ。夜の一〇時になってやっと、右の方に進めばやがて川を見つけられ、多分燃料の薪も手に入れられるだろうと思われた。だが、あの年寄りの「虱嘴」（嘘八百の下劣なやつの意）、ガイドは何も見つけられそうになかった。駱駝の飼料はどこにも見あたらないと言うし、自分たちがいまどこにいるかも分かっていないようだった。私は横になりたくてたまらず、こんなぼろぼろの身体で歩きつづけられるのかと思いながら、顔つきだけはいかめしさを保ってその後をとぼとぼと歩いていった。寒さは耐え難く、疲れきっていたにもかかわらず、思い切ってジェイニのように駱駝にまたがる気にはならなかった。

明け方の一時頃、もがくようにしてとある守備隊用の小さな要塞にたどり着いた。四方を厚い壁で囲んだだけの、一辺が一〇ヤードほどの建物だった。そこには、それまで一三時間も見てきた広大な砂漠と同様に生活の跡はまったく伺われず、何世紀にわたって放置されてきたかも分からなかった。星明りの下では駱駝の飼料や薪を見つけられる見込みはなかったが、この雪に覆われた土地では水を探す必要はなかった。キャラバンの隊列がようやっとのことで追いついてきたので、そこで野営することに決め、テントを張ることにした。幸いにも前の野営地から持ってきた薪用の木材がまだ充分あった。

ところが、可哀相にジェイニは乗っていた駱駝が跪いたため地面に滑り落ちて転び、一歩も歩けなくなってしまった。彼の背中を焚き火に向けて雪の上に寝かせ、毛皮のブーツを脱がせると両足は凍傷に冒されて硬直していた。王と私は彼の感覚が回復するまでその足を三時間半も雪でごしごしと強く擦ったが、彼はじっと静かにしていた。私たちは自らをはげまして懸命に擦りつづけ、時々高粱酒を生のまま彼の口に含ませた。その酒は緊急に備える小さな炊事用ランプを点すために運良く持ってきたものだった。最後の三〇分間は皮膚のいくらかでも生きてくれればと思い、膨れた足の痛みを少しでも和らげられればと思いながらグリースを塗って擦りつづけた。それから私たちは彼の足を自分たちのシャツの中に入れて足の裏を体温で暖め、最後にテントに入れて寝袋に押し込み、睡眠薬を一服飲ませてから私たちも横になって朝を待つことにした。その間、彼は一言も泣き言を発せず、いまどんな気分かといったつまらない質問を私がしたときも、無理に笑顔を作って見せたのだった。

私はといえば、そうした状況について一晩中繰り返して考えていた。近くには雑木林もないから燃料もたちまちなくなるし、ジェイニは立つことも駱駝に乗ることもまったくできない。ここに停まってはいられないが、かといって彼を駱駝の背に縛りつけて進んだとしたら、激しく揺られて苦痛に耐えられないだろう。だとすれば、これまで馬車が通った形跡のない砂漠の中で、馬車を一台手に入れなければならないのは明白だった。

日が昇ると、駱駝で急ぎ西の方へ行き河床を見つけて薪を持ってくるよう二人の隊員に命じ、それから王に、どこか二日ぐらいで行けるオアシスにガイドと一緒に行って、何とか馬車を一台手に入れてくれるよう頼んだ。幸い駱駝隊の頭領はラバを連れてきていたので、王とガイドはそれに交替で乗るだけでなく、寝袋と簡単な生活用具を積んでいくことができた。

ジェイニの両足は一面水疱で膝まで膨れ上がっていた。さらに悪いことに高熱が出ていた。敗血症になるのではないかと二人とも恐れていたが、いずれもその話題を避けた。どうすれば水疱の痛みを和らげられるのか私には分からず、グリースを塗っておくことしかできなかった。

テントの外では強い風が唸りをあげ、うち捨てられた廃墟に残る灰色の壁にさらさらの雪が吹き寄せた。白で埋め尽くされた平原には灌木を覆うふくらみさえも見あたらなかった。ジェイニは眠ったふりをしていたが、ことによると睡眠薬がほんとうに効いて眠っており、死んだふりをしているのかと怪しむほどだった。包帯が少ししか残っていないので、ハンカチを四枚煮沸して彼の足に不格好に巻きつけ、包帯の代わりにした。その感謝祭の夜、雪原に抗して何枚かの絵が黒くエッチングされていたとしても、たぶん私たち二人ともその日のことも夜のこともほとんど思い出せないだろう。

翌日、テントの中で燃えている薪の端に付いた墨はまだ凍っていたが、風はいくらか弱まり、日も射してきた。私はジェイニの水疱に巻いた布をゆるめ、化膿しないように昇汞水で洗った。いくらジェイニがもう痛くないと言っても、実際には彼の苦痛が少し軽くなったとは私には思えなかった。私たちは無人島にうち捨てられているかのような思いでいたのだが、テントの外で呼び声が聞こえ、よろめくように寒風の中に出ると訪問者があり、突然、現実の世界に連れていかれた。中国人が二人とモンゴル人三人が毛のふさふさとした駱駝に乗って北の方からやってきたのだった。彼らはただお茶を飲みたいと思ってテントの入り口に下がる布をかき分けようとしていたのだが、寝袋に横になっているジェイニに好奇の目を向けた。しばらくしてまたモンゴル人が二人駱駝に乗ってやってきたが、彼らの連れていた七頭のロバはきゃしゃな脚で深い雪の中を何マイルも歩いてきたので、疲れてくたくたになっていた。昼過ぎだったので異国のお茶を入れ、運良くボトルが壊れなかった感謝祭のクラレット〈ボルドー産の赤ワイン〉を解凍した。薪が小枝一山しか残っておらず、それも調理用に節約して使わなければならないので燃料のことが心配になっていたのだが、そのワインは少なからず私たちを元気にしてくれた。ところが、またちがった叫び声が聞こえたのでテントの外を覗いてみると、粗朶《そだ》と秣《まぐさ》をうず高く背に積んだ二頭の駱駝が、ゆっくりと脚を折って御者の傍らに跪いているのが目に入った。そのことで私たちは当面の難局を乗り越え、同時に王とガイドが馬車を持って帰るのにかかる少なくとももう一日を、気を落ち着けて待つことができるようになった。彼らが私たちを失望させるかもしれないとは、考えまいとした。

三日目の夜明け、四時半になって何かの物音で目が覚めた〈ジェイニはようやく短時間だが夜熟睡するようになっていた！〉。転げるように外へ飛び出すと、星明りの下で王が震えながら、物置小屋とも円錐形のテント（北米インディアンの）ともつかないようなものから二頭の小さな馬を外していた。よく見ると、それはダンプカーに間に合わせのボンネットを付けたものだった。王とガイドはこれまで見たこともないほどに疲れきったようすだった。一緒にやって来たこの装置の持ち主はひどく変わった男だった。彼はいやいや連れてこられ、しかも安全のため川沿いに行ってほしいと要求したのだが、事態は急を要することが分かっている王は、思い切って雪原を抜けてくれと言って譲らなかった。夜の闇が迫ってもうそれ以上進むことができなくなったので、彼らは馬を外し、やがて昇ってくる痩せた月の射す光りを待った。車屋はジェイニのベットに使う麦わらを馬の秣や燃料にしたいと言ったが、王は断固として拒否した。小さい鎌のような月が出てきたので、また馬をつけようとしたが、哀れな馬たちに凍りついた轡を嵌めることができず、ブラインド・アンド・メイ（商標）の高価なイギリス製マッチでひとつかみの干し草を燃やしても、それを暖めるのにかなりの時間が必要だった。

　馬たちは廃墟の壁を風よけにして繋ぎ、干し草の餌をやり、帰ってきた連中にもパンの残りの大きな塊をお茶に浸して食べさせた。それから皆寝床に入り、私も寝袋にもぐり込んでこの後どうするかを決めようとした。できるだけ速く避難場所にたどり着いて助けを求めなければならないのは明らかだったが、といって高熱を発し凍傷に冒されて激しく足の痛むジェイニを、それ以上馬車に乗せて旅をつづけるのがむりなのも確かだった。

朝になっていまの状況をもういちど検討すると、出発するよりほかはないようだった。このキャンプ地にも、たった四〇里(約二〇キロ)前方のモンゴル国境にも、ラバの餌はない。午後の二時頃になって、私たちは旅支度を整えテントをたたんだ。これまで私は、この古い要塞の高い煉瓦壁の下を立ち去るときほど喜んでキャンプ地を離れたことはなかった。私たちが選んだ南東の角は風除けにはなったのでまだましだったが、塀に囲まれた内側にキャンプすることもできない役立たずの場所だったからだ。

王が苦心して作った馬車は大変な傑作だった。それは幌なしのダンプカーで、木製の車輪は円形でもなく、楕円形でもなく、ましてや完全な多角形でもなく、その三つを合わせたもののように思えた。乗っていると、まるでカトリックの宗教裁判の拷問台に乗せられたような気分にさせられる。だがさらに王は、フェルトで補強した筵《むしろ》で上を覆うよう工夫した。その下では、藁を積み重ねた上にフェルトを敷き、寝袋に身を伸ばしたジェイニをその上に寝かせた。私はその後を、貴重な濃縮牛肉液を入れたガラス小瓶や鎮痛用の丸薬など、いくらかでも気が休まるような薬品を持って歩いた。さらに私の後ろには、最も誠実な人夫が引く最もしっかりした駱駝に乗って王がつづいた。ほかの隊員たちはてんでんにその後ろについてきた。

それらの楕円形とも多角形ともつかない車輪が馬車をがたがたと揺するたびに、私の心は奥底から揺すぶられ、馬車の後ろをとぼとぼ歩いた。そうした揺れが馬車の中のジェイニと彼の足にとってどんなだったか、私には決して分からないだろう。私は後悔の念にかられながら馬車の後ろを歩き、彼をこの苦境に陥れたことに対して自分をののしった。また彼が敗血症になったときの恐ろしい情景を想像し、麻酔を使わずに狩猟用のナイフで人間の足をどうやって切断するのか、などと考えていた。カタツムリのような私たちの歩みでもモンゴル国境付近の小屋まであと四時間半足らずのところまで来た。だが、私たち二人にとっては、まだ一〇日もかかる距離のような気がした。ジェイニの熱は明らかに高くなっているようだったが、体温計がなくてむしろ幸いだった。

その小さな小屋はモンゴル人でいっぱいだったので、小屋の外の路上にテントを張ったのだが、私たちの要求を何か誤解したのか彼らは予想外にひどく不機嫌な顔つきで、ジェイニを室内の火の傍に連れていこうとすると頭から拒絶された。後で分かったことだが、私たち一行が全員この混み合ったところに入ってきたら、自分たちが外に追いやられると思ったのだった。ところが、私は突然頭に来て、低い戸口から部屋にもぐり込み、手にした散弾銃を壁に立てかけてその場所を占領した。私たちは火の傍に積み重ねたフェルトの上にジェイニを寝かせ、足の包帯を取り替えて手当をした。彼の足の具合はいっそうひどくなり、馬車に乗っていたときよりもさらに驚くほど腫れ上がっていた。

火の廻りの七人が厳しい顔でを私たちのあらゆる動作をじっと見つめ、ジェイニの足の傷をもの珍しそうに眺めていたが、友好的なようすは見せなかった。中国人からそのように接せられるのは想定内のことだったが、モンゴル人にはもう少し好感を抱いていたのだ。まもなく隊員たちもこの小屋までたどり着き、料理人が手に入るわずかな材料で夕食を用意してくれた。

ジェイニと私は火の傍に横になって向こうの連中の顔を見ていた。彼らは木製の碗に盛った羚羊《れいよう》肉のシチューや、肋骨から引き剥がしたあばら肉をがつがつと食べ、燃える火がその高い頬骨や白い歯をちらちらと照らしていた。彼らのうちの三人だけが火の傍に寝たが、他の四人は私たちの後ろに置かれた馬の鞍や袋の陰に身を曲げて寝ていた。冷え込んだ朝、消えた火の向こう側にある三つの小山が羊の皮から抜け出し、薄明かりの中で広い褐色の胸をむき出しにし、力こぶの盛り上がった腕をくねらせて汚れた上着に身を押し込み、それからすねにベルトを巻き、革で覆ったフェルトのブーツを履いた。

病人に熱があるのに、長い距離や日が暮れた後まで進むという気はしなかった。一〇時になって、雪原を照らす眩しい陽光と風の吹く中を出発した。昼下がりに砂漠を越えて双城鎮というオアシスにたどり着き、王が進路を確認したのち、道を折れて雪に覆われた駱駝牧場のひとつに入った。それらの牧場は牧草地に沿って並んでおり、川から引かれた水が水路を流れていた。ジェイニの熱は相変わらず高いようで、足やくるぶしはいっそう膨れ上がっていたが、少なくとも敗血症の兆候は素人目には見られなかった。

夕食をすませると、その牧場の老人が彼の部屋に呼んでくれて、炕《カン》の上に敷かれた上等の絨毯に私を座らせ、王を通訳に私たちの冒険旅行についていろいろ尋ねた。回りには彼の息子や孫たち、さらに牧場の働き手たちが立ってとり囲み、隣室からは赤ん坊の泣き声も聞こえ、時折小さな女の子が板張りの戸の内側にかけた青いカーテンの間から顔をのぞかせた。どうやら砂漠の外れのそんな場所に長くつづく裕福な農場のようだった。そこには一群の羊と、数頭の荷車用の牛と、四頭のラバがいたが、やはり牧場の中心となるのは群れをなす駱駝で、彼らは暑い時期には牧場の近くで草を食べるが、いまは東へ六〇日ほど行ったところにある鉄道の終着駅まで、羊毛を運んでいっているということだった。私は女性たちが紡いだ駱駝の毛糸の大きな球を三つ買った。もしいまの窮地を脱することができたならば、その毛糸は素晴らしい靴下になるだろう。翌朝、その農場を後にしたが、家の人たちは毛糸の代金のほかに私が渡した二枚の銀貨を、喜んで受け取ってくれた。これまでと同じように、王は寝具といくつかの備品を積んだ駱駝に乗り私は徒歩で、二人とも馬車の後ろを歩き、キャラバンの主隊列は私たちの後をできるだけ離れないようについてきた。

二日後、日が暮れる少し前、王は私たちより先に茂木鎮の町へ急ぎ行き、行政官に窮状を訴え泊めてくれるよう頼んだ。行政官は前と同様に私たちを温かく迎え、ジェイニの体の具合にいたく心を痛めていた。前に泊まった部屋が自由に使え、私たちを迎えるために整えられていた。だが、部屋が自由に使えどんなに快くサービスしてくれても、お湯を手に入れるのに一時間半もかかり、暗い部屋で寒さが骨にしみたとき、その老紳士の暮らしぶりがスパルタ人のごとくいかに質実剛健なものであるかがよく分かった。夕食はジェイニの横たわる炕《カン》の傍でもてなされたが、キャベツと炒めた豚肉にご飯が添えられており、それがこのオアシスで出されたご馳走のすべてだった。

行政官は気をきかせて私たちとは食事を共にしなかったが、後で部屋の居心地を尋ねにやってきたので、粛州に行く道はいま川の水がいっぱいで渡るのがむずかしいことなど、いろいろ相談した。それに、間に合わせに手配した馬車は、強い馬が引くもっと良いものに替えなければならない。古いつきあいの行政官は、馬車を持っていることが確かな農夫たちを呼んで私たちの前で面談し、翌日最終的な手配をするよう王に任せた。彼はジェイニが歩けるようになるまでここに滞在するよう熱心にすすめた。だが、それにはまちがいなく何週間もかかると思われたし、それよりも医者の治療を早く受けさせたいと私は強く願った。ここから黒川に沿って五日あまり下ったところにある粛州には外国人も医者もいない。だが、斜めの方向に近道を行けば郵便馬車の通る道にぶつかり、その道を行けば八日で甘州に着き、高医師に会える。彼は、北京でイギリス人の宣教師から訓練を受けた、気のいい中国人なのだ。

私たちが思ったようにジェイニの熱は少し下がっていたが、足の具合はひどく悪くなっており、皮膚が大きく剥がれていた。私たち二人とも、粛州なら郵便の集配もあるし預金も引き出せるから、その町から離れたくなかったが、全般的に見れば、そのほうが良いだろうと思われた。

宿主である行政官は現代科学の驚くべき進歩について長々と喋り、スタインの『中国の砂漠の廃墟』に掲載された写真に、何人か知り合いの役人を見つけて喜んでいた。また、彼の前任者の時代のことだが、スタインが茂木鎮の町を通っていったことも知っていた。古き良き友人が私たちのことを案じてくれるのは、何にもまさる親切だろう。彼のおかげで、これまでの悪いことをすっかり忘れ、私たちは中国人のもてなしの心をはなから誤解していたと思わされた。この先どんなことが起こるかも、私たちのような外国人がはたして心からの親切に出会えるのかも分からなかった。

その夜、ジェイニはまったく眠れず、翌朝、彼の足は恐れていた感染症に冒されていることが分かった。だが、馬車はまだ手に入っておらず、王は適当なのをやっと一台見つけることができた。持ち主の農夫は私たちの乏しくなった資金を使い果たすほどの厳しい代金を要求してきたので、私たちはやむをえず行政官に頼り、助言を求めた。彼は事情を調べ解決するために、二人の役人を現場に向かわせた。行政官が私たちと一緒にいるところへ彼らが報告に戻ってきて、中国の田舎で上からの裁きがどのように公正に行われるかを知った。二人の官吏は、上司が私たちのためにより安く馬車を手に入れたいと思っていることは分かっていたが、この件に関する実情を正直に報告し、そこにいない馬車の持ち主に代わって事情を代弁した。作物の出来が悪いこと、道が悪いこと、空車で長い道を帰ってくることなどから、彼の好意に対する見返りを強く要求したのだという。行政官はもちろんそんなことには納得せず、そのいまいまし馬車の持ち主を呼びにやらせ、どうしてそんな法外な金額を要求したのか厳しく問い質した。その男は強情だったが、結局は行政官にきつく叱られたうえ、私たちが適切だとした要求額より少ない金額に同意して、馬車を徴発されることとなった。それで彼はもしすべてうまく行ったら、賃借料を増額して払ってくれるかと聞いてきたので、それには喜んで同意し、王は強風除けの幌をダンプカーにかけるため外に出て行った。

ジェイニを藁のベットに寝かせたのはもう三日目の昼近くだった。ベットはうずたかく積まれた筵やフェルトに囲まれ、前方は風をさえぎるために駱駝の毛で作ったカーテンが掛けられていた。行政官は荷物がすべて積み込まれるまで気をきかせて待ち、正式に別れの挨拶するために役所の入り口にやってくると、新しい馬車の持ち主に私たちのことをよく世話するよう改めて注意した。目的地に着いて馬車を離れたら御者の行動を手紙で報告するよう私たちに言い、御者にはもしこの外国の人たちがおまえのことを良く言っていなかったら、戻ってきてから罰として棒でたたく、と約束した。それから出発の前に慌ただしくもういちど小さな応接室に請じ入れられ、旅の無事を祈って別れのお茶を飲んだ。

歩きはじめると御者が一人ではなく二人いること、また次のオアシスの農場で泊まる部屋を確実に取れるよう行政官が役所の警察官を一人ロバで同行させてくれたことが分かった。馬車はとても広く快適なので、私は馬車の後ろを苦労してついて行くのを一時間ほどやめて、後部のカーテンから車の中に乗り込んだ。

道は黒川の東岸沿いにずっとつづいていた。隊員と駱駝はところどころで凍った川を渡ったが、馬車が渡るのは安全ではないと思われた。川を渡らないで直接甘州へ行くかどうかまだ決めていなかったが、川を渡って粛州へ向かう道は少し南の方に離れて分岐しているので、その分岐点に着いたら川の氷がどのくらいの厚さかを測って決めることにした。

日が暮れるまでにその分岐点に到着した。川の岸辺はほとんど草がなく、わずかにポプラと柳が散在していた。川は氷の下を相変わらず速く流れており、河床にはいくつも黒い空洞が見え、そこを渡るのがどれほど危ないかが知れた。凍った川の向こうに日が沈んでいき、緑がかった金色の空は貝殻のピンクとオレンジ色の光線で縁取りされていた。群れから遅れた雁が一羽、帯状の光線を横切って南に飛び、冷え込んだ薄暮の中で懸命に羽を動かしていた。あの鳥は寒さのきびしいこの場所から早く飛び去って、どこか穏やかな岸辺で仲間に巡り会うのだろうか。のろのろと後をついてくる駱駝どもをひき連れ、がたがた揺れる馬車で行く私たちよりはずっと早く、雁はその場所にたどり着くにちがいない。

小柄で風変わりな警察官はロバで先に行き、双城鎮の農家の大きい部屋を手配してくれた。私たちが到着すると農家の人たちは皆大騒ぎだった。そして翌朝、総勢二〇人ほどの使用人たちが笑顔で見送る中を出立した。彼らは門口に集まり、馬車の中に置かれたフェルトの敷かれた藁ベッドに病人が担ぎあげられるのを面白そうに見ていた。その日は三時間で一〇マイルという短い旅程だったが、道は凍った川の岸にずっと沿い、陽光にきらめく雪原の中につづいていた。

午後早く、予定していた農場に着き、四人の人夫に賃金を全額支払った。ここから黒川を渡って粛州へ行かねばならないからだ。そしてそこから、高医師や宣教師たちのいる甘州にできるだけ早く向かうことにした。人夫のひとりに粛州の郵便局に宛てた手紙を持たせ、私たちに来た郵便物を持ち帰ってもらうことにした。たぶん私たちより四日ほど遅れて甘州に着くとの計算だった。茂木鎮の警察官も謝礼を受け取ってロバの頭を北に巡らせ、辺境の小さな村に暮らす二〇家族と城外の四〇戸あまりの農場の平穏な暮らしを守るため、行政官に宛てた私たちの感謝状を手に帰っていった。

第十二章　寺院を呑み込んだ砂丘

翌朝六時に起きたのだが病人の仕度に手間取り、八時半になってやっと、それまでより大きな隊列でその農場を出発した。というのは、甘州までひとりで行くのが怖いという男がロバで私たちと一緒に行くことになり、そのほかにも馬車を引くラバがもう一頭と、あの役所付きの警察官の代わりとなる非公式の役人、さらに彼が戻る道中を強盗から守るために付き添ってきた彼の友人も加わったからだ。オアシスからいったん出るともはや農場はなくなり、人気のない道がときには川よりも低く、ときには川より五〇フィートほど高い台地の上につづいていた。厚く砂の堆積した地面の上を柔らかな雪が三インチほど覆っているため歩きにくく、ラバをもう一頭借りてよかったと思った。川を下ったところがいちばん氷が厚いと言われていたのだが実際にはそうではなく、雪解け水で溢れた川は流れが速く、喘ぎながら進む馬車の上の方をひっそりサラサラと流れていた。

はっきりと道筋の分かるところを先に進んでいると、突然、地の果てとも思われる場所に行き当たった。道は、優に三〇フィートはあるほとんど垂直に切り立った砂の崖の上に出たのだ。右側は川だったが、水辺に道はなく、左側には足下から落ち込んでいる前方の崖よりもっと高い断崖がつづいている。どうやったのかは分からないが何台か馬車が通ったことはあるようで、どうつながっているのか轍が崖の下からまた先に延びていた。中国の道路や荷馬車のことをよく知っていたとしても、外国人からすれば、滑車とウインチがなければ馬車をあの崖の下まで下ろすことはできないように思われた。だが、車夫は私のところまでやってくると、うろたえることもなく、ジェイニをどうやってベッドから持ち上げるか聞こうともしなかった。ラバを外すと馬車を轍に入れ、隊の全員が馬車のシャフトをしっかりと握り、ずるずると滑る砂の中に踵を突っ込み、一糸乱れることなく安全に丘を滑べり降りた。私たちが乗った馬車のシャフトは砂に深く食い込んで、うまい具合に後ろでブレーキをかけるように機能していた。

日の暮れる前、全員が馬に乗り完全武装したイスラム教徒の一団に出会った。彼らは私たちの装備をしげしげと品定めしていた。道中で中国の人にそんな関心を持たれるのは異常なことで、隊員の男たちが言うには、そういうた武装した連中が荷物も持たずに旅をしているのはまちがいなく強盗の集団で、彼らは街道を流浪しながら道に迷った旅人たちから金品を略奪するのだとか。その日は、風がビュービュー吹き荒れ、くすんだ茶色と灰色で辺り一面が覆われた石ころだらけの山道の窪みで泊まることになった。そこには、山あいから砂が吹き寄せても水を汲み上げられるように井戸の上に石の小屋が作られ、そのそばにも石の小屋がひとつあった。そのときはちょうど家主が留守で、黒い小猫が一匹残されていたが、その行動から察するに猫はいつも主人の顔の上に寝ているらしかった。猫はジェイニの顔に乗ったかと思うと、次には私の顔に乗り、次にはまたジェイニの顔に乗っかる。夜中に眠っているとき猫が顔に乗ってくるたびに、私は恐怖のあまり跳び上がるほどだった。家の中は汚く、外もひどい状態で、駱駝は石ころだらけの山腹のごつごつした岩の間で、わずかな草しかついばむことができなかった。昼間は歩きづめで、しかもろくに草を喰む時間も与えずに出発という繰り返しを駱駝たちに強いてきたが、それでもこのときは特にひどかった。感謝祭の日以降、茂木鎮に泊まった以外は、やむをえず飼料不足の状態がずっとつづいたのだ。

翌日、その深い谷間を出てからがすごく楽しかった。岩々の中をうねるように進み、崖下の急勾配の丘では苦労して隊列を引っ張り上げたのだが、この数週間で初めて太陽は何と暖かいものだと実感した。急坂をよじ登りながら脱いだコートを脇にはさみ、流れる額の汗を拭った。辺りの景色は荒涼として、強盗や追いはぎどもの巣窟とおぼしき薄暗い場所だった。そこを抜けると、突然、流れの速い川のほとりに出た。川は、氷りついた土にわずかにのぞく両岸の間を、黒い帯となって絶え間なく流れていた。とある小さな村に近づいて先にようすを見に行った王が、私の到着を待ちかまえるように憤慨した表情で戻ってきた。その村にはたぶん二〇軒くらいの家が立ち並んでいたのだろうが、彼は最初にいちばん裕福そうな家を尋ねたのだった。その村には行政官はおらず、古くから村長をつとめる人物がいたのだが、彼はじつにいやな男で、王がきちんと金を払うといくら言っても、頑として一切受けつけようとしないのだ。それで私たちはその脇をすり抜け、この呪うべき老紳士がないと言い張る空き部屋を四つか五つ見つけた。貸せる部屋はあり、また彼が私たちのことを怖がっていないのは疑いなく、私たちの要求を初めに断ったとき私たちが外国人だと思っていないのも確かだった。こんな小さな村ではいちばんの金持ちでさえも貧しく、また中国の農民が本来貪欲であることを思えば、優しく礼儀正しい王大人が金の支払いを約束したうえで要求したのに、どうして彼がそれに応じなかったのか分からず、その後数日間の態度のひどさに納得がいかなかった。村は主道からはずれてはいるが、ロシア人難民の一団が外国人に対する彼らの不信感をあおっているのかとも思った。だが、これまでに誰か白人がこの川の近くの村々を歩いて通ったことがあるのか疑わしかった。

日も暮れ、お定まりのように村人たちが大勢群がりはじめたので、今夜の宿を探してくれないかと訴えたが、嘲られるだけだった。何回も無駄な努力を繰り返したあげく、建てられたばかりでまだ使われていない校舎を見つけることができた。結果からいえばそれは、これまで中国で泊った中でいちばん清潔な宿だった。駱駝たちはまだ着かなかったが、私たちは木製の炕《カン》の上に落ち着くと、大工たちが土の床に残していった木切れに火をつけた。焚き火の出す煙は我慢できないほどひどかったが、あまり暖かくはなかった。後について入ってきた連中のひとりに、料理用の鍋に水を入れてきてくれないかと頼んでみたが、彼らはけんもほろろな態度で笑うばかりだった。そのうち部屋の外から猫の鳴きまねや声高な嘲りが聞こえ、ジェイニを毛布にくるんで寝かせている部屋に男たちが流れ込んできた。王がいくら抗議しても出ていかないし、五〇人もの人間を武器で脅してここから追い出したとしても、そんなことをしたら彼らは駱駝の脚の腱を切るとか、何かいやなことを企んで私たちの出発を遅らせようとするか、あるいは私たちのキャラバンをぶち壊そうとするのではないかと思い、彼らと同様臆病になっている私は敢えてそうしようとは思わなかった。ジェイニの熱は相変わらず上がったり下がったりしているし、依然として敗血症になる恐れもあったので、とにかく先を急がねばという気持ちだった。

ついに私は、腸わたの煮えくりかえるのを押し殺して笑顔をつくり、彼らのところに突進すると大門から校庭の外に押し出した。大きな校門の戸を閉めると、バリケードを築くためにいろいろな物を運んできてその後ろに積み上げ、それから元の場所に戻って焚き火の番をしながら駱駝の到着と夕食の出来るのを待った。またひどく冷え込み、ジェイニは何枚も毛布や毛皮にくるまっているのに震えていた。三分もすると連中は校門のところに押しかけ、窓の外で猫の鳴きまねや嘲り声をあげ、がむしゃらに部屋の戸に突進しようとした。王は外国の人や病気の人は大事にしなくてはいけないと彼らに説き、暖かくもてなすように言ったが、それは一笑に付された。私は殺してやりたいという思いを表情に出さず、にやにや笑いながら再び彼らのところにつかつかと近づくと、いきなり二人の男の頭を捕まえ、目から星が出るほど強く鉢合わせさせた。他の連中はそれを面白がったので、一瞬トラブルは解決したかと思った。だが、彼らはさらに四時間も騒ぎつづけ、やむをえず何回も何回も校門の後ろにバリケードを築かねばならなかった。この辺りでは石炭が手に入るので、意地が悪そうには見えないひとりの木訥な老人を捕まえ、持ってきてくれるように頼んだ。彼は持ってきてはくれたのだが、それは炎を出して燃えるどころか黒い煙を立ちのぼらせるだけだった。その付近には村人たちが皆使う質のいい石炭のあるのだが、彼が持ってきたのは鍛冶屋が炉に入れ鞴《ふいご》で吹いてしか燃やせないものだと後で知った。九時になって駱駝の連中が到着し、校庭の外にキャンプした。ジェイニのために熱い麺を一杯と、彼が熱望したお茶を手にできたのはそれから一時間も後のことだった。その日の夜、彼は少し眠ったが、さらに痛みが増したようだった。あの感謝祭の夜はずっと昔のことのように思われたが、この日はあれ以来最も悲惨な夜だった。

　翌朝、王は多くの仕事に忙殺された。あの強欲な老村長に思い切って交渉し、次の村で同じように宿を拒絶されないように男をひとり同行させてくれと賄賂を差し出して要請した。その人に多額の謝礼をするという約束と王の粘り強い交渉でこの要請はなんとかうまくいき、使いの者が公的な使者であることを記した赤く塗った板を持って一緒に行くことになった。私たちはこんな場所におさらばできることにほっとして、早々にその村を立ち去った。道は高原を通り、高原の縁に沿って向こうに見える川の岸に盛り上がった堤防に挟まれた細い低地を抜け、七時間かかって九覇という村に着いた。強風に煽られて肌を刺すような雪に目も開けられず、馬車を引く馬やラバも喘いでいた。泊まった小屋はひどく汚いしろもので、小さな寝台に溜まったゴミは一回掃除したくらいではなくならないほどだった。ここは九覇、つまり九番目の堤防という意味で、小さな村が川のこちら側に沿って下流に向かって並んでおり、その順序に従って名づけられているのだった。次の日の夜は五番目の堤防村だった。その一日後、二番目の堤防村で宿を探すため赤く塗った板を持って先に行った案内人の姿が消えてしまった。だが、うまい具合に王が友好的な一軒の裕福な農家を見つけてくれた。その家には働き手となる息子が一〇人もいるので、それで裕福な暮らしをしているようだった。翌朝あの案内人が姿を現わし、厚かましくももっと多くの金を私から巻き上げようとした。そのいやらしい顔に浮かんだ無礼で狡猾な表情に私は以前からの思いを爆発させ、アメリカの木こりが穿く頑丈なブーツで情け容赦なく彼を蹴とばした。だが、彼はべつに驚かなかった。そうなることは前から予測しており、中国人にもっとひどくやられたことがあるのだろう。彼は立ち上がると、約束した金よりも多く貰おうとして失敗しても誰に咎められるものでもないし、たんに義務を果たしただけだ、といったようすで立ち去ったのだった。残念なことに、彼はかなり厚着をしていたので、私が蹴とばした意味が充分に伝わらなかったのじゃないだろうか。

二番目の堤防村で泊まった家の主人もまたよこしまな男で、ジェイニと私に部屋を融通するため、気管支炎でゼイゼイ息をしながらその部屋に寝ている家族全員を、報酬が欲しいばっかりに炕《カン》から追い出したのだった。夜中、その主人が物盗りを目的に部屋に忍んできたとき、運良く傍に置いてある油皿で燃える灯心を吹き消し忘れていたので、私より目を覚ましやすくなっているジェイニは、声を立てて彼を追い払うことができた。私はジェイニの叫び声で眠りから覚まされ、男が慌てて逃げていくのを見たのだった。

翌日、砂が流れているのがはっきりと見られる砂丘の中をのろのろと進んだ。砂がいままさにひとつの寺院を呑み込もうとしているところで、私はジェイニを馬車に置き去りにしてその珍しい光景を見に行った。その寺院は建てられてから明らかに五〇年は経っており、いくつかの伽藍は押し出してくる龍のような砂丘にすでに半分呑み込まれていた。建物はいずれも古いものではないが、

砂に呑み込まれる

砂丘と寺院

鯉池や橋脚やきれいにタイルを張った歩道のほかに、土台もより古い時期の痕跡を残しており、それらは押し寄せる砂の壁に容赦なく埋没させられようとしていた。露出している石の建物と煉瓦の特徴から見て、それらの建物はかなり古い時代に創建されたものと思われたが、その寺院の僧侶が私の推測に対して、いまから二千年ほど前に建てられたものだと言うのは、ほとんどあてにならなかった。中国の仏教寺院が二千年も遡って古いわけはなく、彼は無邪気に古く見当をつけたのだ。砂丘が建物の間に入り込んで一棟の建物の場所から他の建物が見えなくなり、道からでは全体がまったく推測できなくなっていたが、じつに大きな寺院だった。それは二〇棟を超える伽藍からなっており、すべて長城（万里の長城）が包み込むように周囲を丸く囲んでいた。そこは高さがたったの一五フィート、基壇の幅も一二フィートしかない、長城の中でさして印象に残るような箇所ではなかったが、何ヵ月もの間その近くを歩いて飽きることがなかったし、気晴らしにその辺りに戻ってみると、いつも北京や中原の懐かしい農村と歴史的にも地理的にも繋がっているような感じがした。そこでは僧侶がたった二人でいくつかの大伽藍と数えきれないほどの仏像や素朴な壁画を守っていた。彼らもまたやがて移動する砂丘に追い出され、長城の下に開かれた小さな畑も乾いた不毛の地面の下に二〇フィートも埋没してしまうのだろう。ことによると数世紀後、砂漠の一部が辺りをすっかり覆い去り、私が目にした古い橋脚や往時の寺院に伴う方形鯉池ばかりでなく、まさに私が踏査した数々の建造物、そして中に置かれた粗い彩色の仏像や美しく熟した素朴な壁画を考古学者が掘り出すことだろう。

その日は宿屋に落ち着けると思って、みんな元気になった。数週間ぶりの宿屋なのだ。だが、その見すぼらしい小さな村に着くと、宿屋は普通の家に戻ってしまっていて、戸口を通ろうとしても容易には入れてくれなかった。他の客よりずっと多く支払ったのに、宿の主人は何か私たちに恨みでもあるかのような態度だった。朝、彼とお定まりの口論となり、今後中国では金を余計に払うようなことは一切しないぞと思いながら宿を後にした。翌日川の近くを通ると、川岸に大きな赤いラマあひるを見つけた。銃弾は残り少なかったが、撃ちたい気持ちをおさえきれず、まるでアメリカ・インディアンのようにそっと近づいていった。だが、近づく前に逃げられてしまった。

あの不運な感謝祭の日から一八日目の昼、城門をくぐって甘州の町に入ると、親切な高医師の歓迎と大勢のキリスト教徒たち、消毒液、そして二人に宛てた故郷からの手紙の束が待っていた。

高医師は慎重にジェイニの足を診察し熟練した手つきで洗うと、いまの状態からみて敗血症になる心配はまずないと保証してくれた。そのことと、故郷からの手紙だけで、充分幸せだった。

第十三章　敦煌

調査隊一行が二番目の目的地、すなわちかつてのトルキスタンとの境界にある敦煌の石窟寺院を調査するため再び西に向かって出発したのは、甘州に来てから一六日目のことだった。ジェイニは羊皮の長いブーツを穿いて数ヤードぐらいなら歩けるようになってはいたが、彼を同行するのは気が進まなかった。だがジェイニは探検をつづけたいと熱望しており、行けなくなることを恐れていた。前に通った道をたどり、前と同様ひどい馬車に乗って、茂木山脈から流れくだる川を渡って粛州まで行くのに一週間かかった。新年の四日に一行は粛州に着き、そこで重大な決定をして四日後に町を離れた。

ジェイニの同行への決意は固かったが、まだ一〇〇ヤードも歩けないのだ。風邪の症状は重く、不潔な中国の宿屋で何かの病原菌に感染する恐れがあった。一月から二月にかけてのこの時期は、高原の縁にあたる西域地方の厳しい冬の中でも最も風が強く荒れ狂う頃であり、しかも片道一三日の旅程のうち少なくとも一週間ぐらいは、前方に何が待ちかまえているか分からない場所を行くのだ。もし私がジェイニのように衰弱した状態だったら決して旅をつづけようなどとは思わないだろうが、しかし二人が熱望した探検の旅をジェイニに泣く泣く諦めさせるためには、ことさらに意地の悪い態度を取らざるをえなかった。

一月八日の正午、ジェイニは彼が雇った三台の馬車、そして私と王は出発の直前に買ったトルキスタン種の馬四頭と大きな馬車とともに宿を出立した。気の毒にもジェイニは私が心底クビにしたいと思っていた男も連れていった。その男は皆から物を盗んだり冷酷に騙し取ったりして、いつも私たちを困らせていたのだ。敦煌では僧侶たちと密接に接触しなくてはならないし、ささやかな気遣いの如何が調査が成功するか否かに関わってくると思われるので、私は彼を連れてはいきたくなかった。彼を連れていくジェイニには同情したが、少なくともその男は腕のいい料理人だったし、それに可能な限り短い時間で一行を目的地の海岸の町に、脅してでもたどり着かせることはできるのだ。ジェイニはまた、私たちが道中で手に入れた寝台、鞄、石のかけらといった品々、さらにお金を帰り道に郵便局で受け取らなければならなかった。言うなれば、私が風のように自由にうきうきと出かけていった間に、ジェイニはエドゼナの黒城で見つけた貴重な発掘品を含め、私たちのものを安全に引き取る責任と困難を背負うはめになったのである。と言っても、彼が海岸に向かい私が西に向かうために宿の前で手を振って別れたとき、二人とも元気がなかった。

私たちの道具はすべて中古品だったが、王は馬車を改良して上に覆いを取り付けた。それはジプシーのほろ馬車のようにこじんまりしたものだったが、二人が並んで横になることもできるぐらいの広さがあった。四頭の馬は、新疆からの長い旅の後ゆっくり休ませたので、頑張って歩いた。これまで曳かせてきたラバや道で見かける他の馬車馬とちがって、彼らは昼時の餌や休憩がなくても大丈夫なように訓練されていた。途中で二回、三〇分間休憩し、そして毎晩腹一杯食べさせさえすれば、一日中元気に歩くのだ。初め、彼らが一日働いた後いくつかの傷から血を出しているのに気づいて心配したが、西域地方の馬は皆同じで、そのことで不調になることは決してないということだった。後で、フリール博物館にいる友人のビショップに会ったとき、解説してくれた。

「君はまさしく紀元二世紀に武帝がこの馬を手に入れるためトルキスタンに人を遣わしたという汗血馬を見つけたんだよ！」。それはまちがいなかった。あの探検について知られているいくつかの事実のうちのひとつが、一九世紀もの時を経て突然、再び姿を現わしたのだ。いちどでもこんな頑丈で辛抱強い小さな馬を駆ったことのある旅行者ならば誰でも、おそらく何らかの寄生虫によって引き起こされるこの珍しい疾病と彼らを関連づけて考えるだろう。それはいつしか民間伝承として広まり、さらに中国の簡潔な年代記に琥珀色の飛ぶ虫として記されるようになったのだろう。

中国の北の果てと言われた嘉峪関にたどり着いたのは陽が暮れかかったころだった。嘉峪関は長城の末端に位置し、長城の麓の小丘に面して城壁を巡らした小さな町である。北京の東方にある山海関では城壁が太平洋の海岸に向かって下がっており、この二つの関は西暦紀元前後には一五〇〇マイル余の城壁で結ばれていた。当初その城壁は、北方から略奪にやってくる遊牧民の大集団の侵入を防ぐために築かれた。だがその後フビライが北京で皇位に就くまでは、中国の統治者がさほど強力でない時代には、それら蛮族の侵入を許すことが度々あった。

万里の長城は世界の七不思議のひとつとされている。中世のヨーロッパでは多くの詩に記されたし、ベッキー・シャープが辞書を出す以前、ピンカートン女史の支援者だったあの偉大な辞典編纂者が、シグネット社のさるスコットランド人記者に、いちど行ってみる価値があると語ったという。中国の詩や伝説には、旧約聖書に出てくるダンとベールシバについて欧米人が語るよりももっと多く、嘉峪関や山海関のことが登場する。だが、北京で毒殺されるか絹のひもで絞首刑にされるのを逃れようとする政治的逃亡者でもなければ、東に住む中国人で西の端までやって来る人はほとんどいなかった。大英博物館のオーレル・スタイン卿が嘉峪関から数百マイル離れた砂漠の中に、葦とポプラの枝を束ねて柱に据え、その周りに築かれた古くロマンチックな城壁があることを発見して、嘉峪関の神話に終止符を打った。だか、彼の発見は重要なものではあっても、ほとんどの中国人がまだそのことを知っておず、それゆえに嘉峪関という特殊な場所にまつわる伝説が消えないのだ。

そうした豊富な歴史的背景ゆえに、この城壁に囲まれた小さな町に旅行者がやってきて宿泊するのだ。二千人の兵士がいまもそこに駐屯するといった伝説は誰も信じない。町には千人も人はいなかったし、守備隊の兵士も二〇〇人いたかどうか疑わしい。私は王や周老人、黒城の発掘以来連れてきている人夫、御者として雇った一七歳の少年と一緒に寝室の床で調理した食事を食べた。そして、あの男を厄介払いし、トルキスタンから中国の市場へ運ぶ干し葡萄や羊毛や毛皮を持ってやってきたいまの御者と生活を共にすることに、不思議なほど満足していた。

これはほんの始まりで、間もなく厳しい生活がまさに現実となった。ことに御者を解雇した後は、馬車を御し、調理をし、秣《まぐさ》を集め、さらに宿の主人と毎日やりあったり、すべて自分でやらなければならなくなったのだ。あのひどい男でさえ私のために料理をしたり宿の主人とやりあってくれたことを思い、旅における中国人のどん底生活を知らされたが、それはメイン州の下宿とリッツホテルのちがいほどにかけ離れたものだった。

最初の日、一行は夜明け前に起きて馬車の荷物を積み直し、日が昇ると、私は誇らしげに長城の端の煉瓦の上に乗った。煉瓦は城壁に立つ小さな塔に突き当たっており、そこから山海関や北京や太平洋の方を振り返って見た。左側は荒々しく不毛のモンゴル高原麓の丘陵地帯であり、右側には遠くに見えるチベットの山々から流れ落ちてきた幾筋かの凍りついた小川で切り刻まれた、石ころだらけの乾燥した平原が広がっていた。本来の中国、教科書に書かれた中国は、ここから見るといかにも狭く、モンゴルやチベットは確かに広大な広がりをもつ国家の一部ではあるが、その境界線はまだまだ決されていないのだ。城門の外で馬の餌にする豆を買い入れたり、荷物を整理し直すのに一〇時までかかったが、その後は夜の六時を過ぎるまでほぼ着実に旅をつづけた。途中で行き交う人もほとんどなく、お茶を飲むときだけ、三〇〇年ほど前の大寺院の廃墟に建てられたぼろ小屋で一服したが、寺院の崩れ落ちた壁にはまぎれもなく現代風のまずい壁画の跡が残っていた。夜は筵《むしろ》小屋より小さなところで過ごしたが、木製の中国式ベッドにつっかえ棒をしないと横になる気がしなかった。

翌日は早く出発し、一五時間で一一〇里（約五五キロ）の距離を日没まで、馬に餌をやるために一回休憩したほかは、夜一〇時過ぎまで快調に進んだ。二日後、道中で休もうとしたところ、そこは干し葡萄、羊毛、毛皮などを粛州で下ろし、代わりに綿布、マッチ、蝋燭などを積んでトルキスタンや新彊に戻るイスラム教徒たちの馬車で混みあっていた。彼らが運んできたものは中国人が買い取り、遠く離れた海岸地帯に持っていくのだ。もし彼らがしたたかでやくざな連中ならば、中国の農民あがりの馬夫にはない特徴があるにちがいない。彼らはものを盗んだり人を殺したりしたかもしれないし、馬の密売をしたことがあるのは疑いないが、茶色い顎髭の奥に白い歯がきらっと光り、肩で風を切って歩くようすは魅力的ですらあった。私たちの馬と同様、彼らのやり方で訓練された馬は、穏やかで素直だった。それらの馬は中国人に飼われたことはなく、馬をよく知る遊牧民の子孫に飼われたのだ。彼らは長城の内側に生まれはしても、臆病なペルシャ人を嬉々として襲って人妻を略奪した先祖たちのことを決して忘れず、馬を友として日がな一日草原で過ごし、夜は馬と共に野宿する。

五日目、くりげの雌馬がなぜだか分からずよろめいて、道に倒れ込んでしまった。均整のとれた四歳の馬で、いつも他の馬より多くの荷物を運んでいた。私はひどく心配になったのだが、御者の少年がそれは肺の病気になったせいだろうと笑いながら言うのを聞き、そのとき以来彼のことが嫌いになった。王はこの少年の無神経さに愛想をつかし、しだいに馬たちの世話や餌の用意を自分で引き受けるようになった。少年は、私たちが泊まった粛州で近くの宿屋に居候していた中国人で、他に人がいなかったので御者として働きたいと言ってきたのを雇ったのだった。旅をつづけていくにつれて私たちはだんだん彼を信用しなくなり、一方彼は、馬や馬車、さらには主人のことにも気を配らずいい加減に過ごすようになった。あのとき以来、あの可哀相な雌馬は頭を下げてのろのろと後をついてきたが、一週間もしないうちに、その雌馬が初めての仔馬を孕んでおり、良い餌を与えて無理をさせないことが必要だと分かったので、そうしてやった。

昼間は歩きづめで、夜は馬の面倒を見てから遅くなって貧しい食事を取る、といった毎日がつづいた。とある大きな宿屋に着いて、王が周老人と暗闇の中、くたびれた一行を用心深く先導し門が閉まったとき、先に立っていた私がよろめくように構内に入ったとたん、肥った豚に躓いて積み上げられた新しい堆肥の上に倒れ込み、低い屋根に立てかけてあった梯子に額をぶつけるといった、道中での笑えない出来事にも、まもなく対応できるようになった。私はその梯子を登って屋根から麦わらの束をいくつか投げ下ろした。それから蝶番《ちょうつがい》で動く麦わら切りを見つけ、親指を切らないように注意して手際よく秣を刻んだ。解き放たれて凍りついた構内を歩き回っていた馬たちは私の傍に寄ってきて、馬車の幌の後ろにつり下げた大きな荷かごに藁をたっぷり入れてやるまで、じっと見ていた。それから、宿の主人の詹貴徳を脅したりすかしたりして、大きな鋳物の鉄鍋にお湯を沸かし麦の粉をこねさせるのはひと仕事だった。彼がアヘンを吸って朦朧としていたら、薪が乏しいこの荒涼とした村では、鍋の下に藁束が全部燃え切るまでくべておくようなことも、全部自分たちでやらなければならないのだ。詹が恩着せがましく自分で粉をこねるのは、思い出したくもないほどいやな情景だった。小麦の粉はすこしでも多すぎないよう竿秤で用心深く綿密に計量される。そして平らな板に山盛りにした粉は水をさされ、手で捏ねられるのだが、あの国では中国人はどんな食べ物にも、食べ物よりずっと汚いものにも、だれも手で触わるのだ。家畜の糞、豚、アヘンの煙管、赤ん坊の鼻、そしてラバをつなぐ綱などあらゆるものに触わった手を、彼はその粉でこすってきれいにしてしまうのではないだろうか。粉が捏ね上がると、丸い棒を転がして平らに延ばし、まるで赤ん坊のおむつのような大きさのものにした。さらに細く紐状に手際よく切った後、沸騰したお湯に投げ入れて三分ほど煮た。それ以上煮るとよくこなれ、腹の減った私たちから、水を多くしてごまかしたと文句を言われるのは確かだった。一日か二日は、不潔なのが熱湯で消毒されると甘く考えていたが、いつもそうであるわけではなく、お湯が麺の表面を覆うだけで、中身はこねた粉を延ばした状態のまま煮えていないことも多かった。できることならば、いつも長くて薄い紐状にしてほしいと思ったが、そのほかに一インチ角のものともう少し幅の広いテープ状の二つの形があって、そうした切り方は味にも影響した。私がこの気ままな探検の道中で、よろめいて倒れた馬を引っ張ったり、強風に頭を打たれたり、水で満杯の水路に張った薄い氷の上を手で馬車を曳きながら渡ったり、苦しい思いをしたとき、湯気の立つ麺の椀が芯から欲しいと思ったことが四、五回はあった。長旅の初めには毎日それを手にしていたのだ。最低の生活必需品である馬にやる豆、火にくべる薪、さらに用をたす場所すらもないような場合を除いて、どの宿屋も似たり寄ったりだった。ありがたいことに王は私たちの持金やこれまでの出費、これからの必要経費などをきちんと把握してくれているので、馬の餌がなくなって困るようなことはなかった。彼はいつなくなるかを前もって計算し、それに従って豆や刻んだ藁を準備していた。

八日目に安西に着き、嘉州にいる高医師のもとに行って何とか早く治療を受けようと頑張っているジェイニの電報を手にした。彼自身、そして発掘品も大丈夫だ、と電報に記していた。

ここの宿の主人は、ところどころ毛の抜けた高価な毛皮コートを着た怪しげな小男だったが、そのコートはここを通ったロシアの亡命者から盗ったにちがいないと思われた。だが、私たちを案内する態度がどこか堂々としていて、私たちのことに真に心を配ってくれているようだったので、びっくりした。彼は北京の公用語を話すのだが、私の乏しい語学力では充分には理解することができなかった。夕食後、彼は名刺を持ってやってきた。宿屋の主人で名刺を持っているのは珍しいが、でも彼がかつて省の副長官の地位にあり陸軍騎兵中佐だったという話は信じられなかった。北京からここまでやってくる途中で強盗に遭ったり、権力をもつ何人かの役人に嫉妬され警戒されたため、彼は北京から財産を持ってくることができなかった。それで、この宿屋のいっさいがっさいを九中国ドル——アメリカなら四・五ドル——という安さで手に入れ、妻と幼い息子と時期が来るのを待ちながら暮らしているというのだ。

彼は話をしているとき、根元が長く直径が五インチもありそうな大きな竹の節を手に持っていたが、その竹の節に小枝のようなものが生えていた。その竹の端に時折鼻と顔を突っ込み、顔を離しては煙を吹き出した。これは中国最南端にある彼の生まれ故郷の雲南省では、普通に用いられる煙草の煙管だということだ。その小枝のようなものは細い竹で、実はそこで煙草を燃やし、太い部分には水が入っていて、その水をくぐらせて煙を吸う。三回ほど吸って小さい煙草の塊が燃え尽きると、激しく水を揺すり、空気圧で空洞の小枝から吸い滓を押し出すのだ。

その日の夜、郵便局長が宿の主人の話を立証してくれた。それによれば、彼は北京で多くの家作を持っていたのだが、最近彼の友人が彼の代りにそれらを全部売り払い、彼を救うためにそのお金を送ったということだった。翌朝、私たちが荷物を整理して出発しようとしていたところ、主人がこの宿屋をもっと拡張すると言う。彼は以前は一回の宴席に四〇人もの客を呼ぶような盛大な宴会をいつも催していたと言い、そうした宴会にかかった莫大な費用のことまで打ち明けてくれた。そしていつかまた運がめぐってきたら、きっと私たちを北京の家に招待するとも語った。

私たちは彼の羊皮紙のような顔と古風な役人の上品な雰囲気に感銘を受けても、一行の宿泊代をすべて銀貨で支払うぐらいしかできなかった。これまで中国で、宿泊代の支払いをめぐって喧嘩になったことはなかったし、宿の主人はぼろをまとった小さな息子と丁寧に挨拶して見送ってくれた。

もし、茶色と緑色と繊細な灰色の影の代わりにすべてが炭のような真っ黒だったら、この世はいかに陰気なところか、といった経験をこれまでしたことはなかった。だが、この二日間はずっと、そんな真っ黒焦げの世界を進んだ。道の左側にはいくらか茶色の草が見え、羚羊《れいよう》の群が避難してきていたが、果てしなく広がる草原はすべて焼き尽くされていた。彼らは多くて八から一〇匹の小さな群に分かれていたが、いつも私たちの南側にいた。馬車が間近に迫るまでは前方の道ばたに集まって草を食べていたが、私たちが近づくと逃げ遅れた一、二匹を残して去っていった。それから逃げ遅れたのは白いお尻をちらちらさせながら、怯えたように道の向こう側をちょこちょこと前方に走っていき、道を飛び越すと仲間の群に追いついていった。少しでも道を踏むのはまるでゲームのルールに反するかのようだった。羚羊は尻尾を揺らし、ゴムボールのように気持ち良く跳ね、優雅に一五フィートも跳躍して向こう側に着地しなければいけないのだ。傍を通り過ぎて振り返って見るといつも、彼らはまた平然と草を食べていた。もし道を越えなければならないようなときには、彼らは一跳びで越えた。明らかに人間や家畜に汚されて人間の臭いがするようなところは本能的に避けているのだ。

安西には新疆やトルキスタンへ向かう現在の交易路と、私たちが行く道との分岐点が標示してあったが、私たちは古い道を南西の方に曲がった。その道はいまでは長距離のキャラバンが行くことは滅多になく、そっちへ曲がるのは私たちのように敦煌のオアシスやそれより遠いところへ行く旅行者だけだった。主道から分かれて二番目の宿駅である瓜州高鎮は、南山山脈の麓にある。ここには宿屋が二軒あるだけで、もしここが小さいけど豊かなオアシスから安西へ行く道の途中になかったら、誰もこんなところに住もうなどとは考えなかっただろう。そこはまさに砂漠で、翌年の牧草を肥やすために草原の草もすべて燃やされていた。この山麓の掘っ建て小屋には人間にも家畜にも食べ物はなく、三〇〇頭もの駱駝のキャラバンを守って近くに野宿している男が運び込んだ鍋で竈もふさがっていたので、ごつごつした岩の上に建つ壊れかかった寺院の中の「甘い水の井戸」というところを探して炊事をした。そこで四時間ほど休憩し、陽が昇ってくるまで月光の下を進んだ。途中で馬に餌をやるためにちょっと止まっただけで、敦煌のオアシスの市場に着くまで一日歩きつづけた。そこは目的地ではないが、目的地の石窟寺院へは何マイルもないところだ。その最後の四時間は精神的試練の時間だった。一行は疲れ果てていたし、可哀相に馬たちは重い砂に脚をとられてもっと疲れており、息を整えるためにほぼ二〇ヤードごとに立ち止まらなければならなかった。そんなときなのに、あの怠け者の御者の振る舞いはひどく腹だたしいものだった。彼は馬たちを助けてやろうともせず、ちょっとでも立ち止まると鞭で打ち、息もつかせず走らせようとするのだ。私は彼の手から鞭を取りあげ、その憂鬱な時間中ずっと王と交代で馬たちを引いていった。

　私たちが宿に着いたのは夜で、まだ必要な物をいろいろ手に入れたり、ようすを聞いたりしなければならないので、翌日出発できないことは分かっていた。それで一二時間近く眠り、翌日は町を視察に行く前に、茹でたじゃがいもと薄いお茶の朝食をたっぷり食べた。町の店はどれもごく質素なものだったが、安西も含め粛州からの道中で見たどの町の店よりずっとよかった。私たちは手土産に布地とちょっと上等な煙草を少し買い、それらを持って役所を訪れた。

　行政長官はすでに粛州の軍隊と町の長官から、私の来訪について記した手紙を受け取っており、翌日王と私と晩餐を共にしたいと強く言うので、一刻も早く壁画を調査しに石窟へ行きたかったのだが、断りきれず、石窟へ行くのは少し待つしかなかった。私は宿に戻ると手紙を書き、少し眠った後、この町にいると聞いていたひとりのロシア人医師を訪ねた。彼は英語もフランス語も話せず、私のドイツ語とロシア語はひどいものだったが、お茶を飲みながら親しく話しをすると、彼はトムスク大学の医学校からやって来たということだった。

　翌日、三つの寺院をふらりと訪れたが、どれも感心しなかった。どれも醜悪な泥の塑像ばかり並んだ新しい寺院だったが、その中のひとつには途中で見たものよりはましな壁画があった。

役所の晩餐は楽しくも伝統的かつ正式のもので、甘州の師範学校から休暇で戻ってきている若者が八人以上も出席していた。執事が招待客の名前を大声で読み上げると、長官が席次に従ってそれぞれの席に如才なく自ら案内する。客は席に連れていかれると、ホストが儀礼的にナプキンで拭うしぐさをした箸を手渡され、それから祝いの印しに酒杯を顔の前に掲げる。この儀式はかなり時間がかかったが、いまは北京ではほとんど行われなくなった、こうした中国の伝統的な作法の一部は興味深いものだった。祝った酒杯にはたちまち酒が注がれた。酒杯は小さかったが、注がれた酒は強烈だった。みんな饒舌になり、議論をしたり、中にはふざける者もいた。

料理は二〇品目ほどのつつましいもので、半分は大皿に盛られていたが、最後の一品がテーブルに載っているとき、長官が立ち上がって部屋の中を歩きはじめた。私は彼が席に戻るまでそのようすが心配で見ていた。召使は長官の椅子の後ろにずっと控えていたが、ご主人様は突如として椅子に座ろうとして、床に座り込んでしまった。そのとき顎がテーブルの端にぶつかり、彼は舌を噛んでしまったのではないかと思われた。彼は私の目の前で、恐怖のあまり飛び出していまにも涙がこぼれそうな目で私を一瞬見つめた。テーブルの上に載ったあの卵形の顔をずっと忘れることはないだろう。私はこの魅惑的な見ものから思わず視線をそらし、隣に座っている王とお喋りをしながら見なかった振りをしていた。彼は立ち上がると召使いのところへ行き叱りつけたが、客たちはそそ

敦煌の石窟寺院

くさと宴会場を退出し、凍り付いた夜の中に消えていった。私はと言えば、早く真っ暗な所へ行って大笑いしたかった。その夜宿に帰ってからも、わびしい藁布団で目を覚ますと、私の目の前でテーブルの上に載っていたホルフンスの頭のような光景を思い出し、我慢できずに笑ってしまうのだった。

砂に埋もれた数マイルの道を通って敦煌の町から千仏洞に着いた頃には、ほとんど日が暮れていた。平原からつづく狭い峡谷を流れる小さな川に沿って登っていくと、断崖の岩肌に穿たれた千仏洞が視界に現れた。遠くから眺めると、それは羽毛のような優美なポプラ並木の上に並んだ洞穴の連なりにしか見えなかった。凍った川を渡ると、主要な洞窟の入口に建つ木造の寺院で温かく迎えられた。僧侶は敦煌へ買い物に行って不在だったが、寺院で働く農夫が歓迎して案内してくれた細長く暗い客室に、一〇日間泊まらせてもらうことになった。その部屋は、これまで中国で泊まったどの宿屋よりきれいだったが、陽の光がまったく差し込まないので、どこもかしこもひどく湿っていた。いろいろな打ち合わせのため残った王に後を託し、月の光が射しているうちにあたふたと石窟寺院に出かけた。

第十四章　千仏洞

M・ペリオが写した写真を確かめるため、こんなにも長年月、こんなにも長い道のり、こんなにも苦しい旅をつづけた後に見たものは、まさに息を飲むような光景だった。それからの一〇日間というものは、食事を摂るとき以外は洞窟を離れず、一四世紀も前の聖者たちが洞窟の壁に描き残した数々の輝かしい仏像を調査するという、重大な仕事に没頭した。ゆっくりと行列したり、穏やかに蓮の上に座って手を挙げ人びとを祝福したり、瞑想に耽ったり、涅槃の境地に沈潜している幾万もの像。彼らはまさしく私だけが存在を確認した仏たちなのだ。オーレル・スタイン卿は著書にそれらの写真を一、二枚掲載しているし、ペリオ教授は五巻本にして出版し、さらに続巻を出すという。研究者たちは七三シリングと六ペンス出して買った本を見て中国の仏像の発祥や変遷を議論し、それらの写真に研究の基礎を置いている。

だが、これらの像を実際に見た私に言わせれば、そんな研究はナンセンスだ。宗教に無関心なこの時代に、半ば色あせ、外からぼんやり射し込む冬の夕日に照らされたおぼろげな仏像は、遙か以前に消え失せた高貴な仲間たちのようには消滅しなかったより古い仏像の同類なのだ。天井の高い静まり返った大広間の、深遠で意義に満ちた壁画を見たとき、自分が一つの大洋と二つの大陸を越え、何ヵ月も馬車とともにとぼとぼ歩いてやってきたのは、すべてこれらの存在を確認するためだったのだ、ということが初めて分かった。それら壁画の卓越した美しさをまざまざと目にし心底満足した私は、それらを批評する意識すら失っていた。壁画の仏像はまるで生きているかのように思われた。これらの制作年代を特定して研究者たちをもっともらしくやりこめ、その芸術的な影響を検証しようと私はここにやってきたのだが、いまはただこの寺院の真ん中で両手をポケットに差し込んで立ち、もの思いにふけるばかりだった。私はまぎれもなくアメリカ人であり仏教徒でもないが、キリスト教紀元の一九二四年のいま、ひとつの光景を天から賜った……。辺りが暗くなり、驚異の念に満たされ、とぼとぼと宿に戻った。

それはまさしく千の仏の洞、「千仏洞」であった。大きいものや小さいもの、半ば消えかかったものもあればほとんど完璧に残っているものなど、壁面には数万の像が描かれていた。秀作の多くはひどくかすれてしまっているので、離れた位置から角度を選んで見ないと、その存在を定かに認めることができない。それらの壁画は日々の光の中でしだいに退色していったようだ。ことによると、松の大枝を嘴にくわえた鶴が飛んでいった、終日陽もささず影もなく、永遠に夜のない中で蓮の花びらに優しく雨の降り注ぐスメル山の頂に、すでに行ってしまったのかもしれない。彼らは本当に自分の影と絵を壁面に残して行ってしまったようにさえ思われた。だが、それらの影と絵の中に、言いようのない冷静な静けさで私の視線をやり過ごしていた薄く光を発するいくつかの像をみつけた。それらは私の魂にしみいるように思われた。その魂は、私の体をなす血や肉よりももっと本当の私だった。

だが、それらの像の優美な顔や穏やかな口元に、ロシア皇帝軍の兵士らが引っ掻いて付けたスラヴの猥褻な言葉や標識番号の落書きがあるのに気がついて、ショックを受けた。二年前、赤軍にあちこちで打ち負かされ蹂躙されたロシア軍の中の四〇〇人ほどの小隊が、トルキスタンを通ってここまで逃げてきたのだ。中国政府は旧態然たる自国軍がボルシェビキの脅威にさらされるのを恐れ、捕えたロシア兵士から武器と馬を没収して千仏洞の寺院に閉じ込め、指揮官をウルムチの監獄に投獄した。彼は慈悲深くも、牢内の汚物やひどい食事を忘れるほどにたっぷりとアヘンを吸わせられ、速やかに死へと導かれたのだった。

最初、これら古い中国のかけがえのない宝――この数世紀の破壊の中で辛うじて残った唯一の一群であったが――その上に彼らのつまらない名前や標識番号を乱雑に刻みつけた孤独な農民兵士たちに対して、やみくもに腹が立ちはしたが、間もなく彼らは自分たちのしたことの意味をまったく分かっていなかったのだと理解した。これは世界大戦の後遺症以外のなにものでもないのだ。あの長い四年間にヨーロッパがいかに引き裂かれたかについて我々の世代が知らされることを、日々の流れの中で静かなよどみの側にいた人たちは知るよしもない。もし彼らにフランスの大聖堂が破壊され、ロフェン図書館が焼かれたさまを列挙したとしても、ほとんど理解できずに目を丸くするだけだろう。だが、平和条約が調印されてから三年経ち、私たちの池の真ん中に投げ込まれた石は底に沈んだが、周りに広がった波紋は遠くのこの岸にまで達し、あの無知な四〇〇人のロシア農民を洗ったのだ。彼らはこの神聖な場所を汚し、さらに漂いつづけているが、誰も彼らの行方を知らない。幸いにして彼らが痕跡を残したところも綿密な考査に耐えるものであったし、ほとんどの貴重な部分は手つかずに残されていたことを神に感謝した。

明らかなのは、アメリカで研究するためにはこれらの壁画の一部を切り取らねばならないということであり、さらに重要なことはこれ以上の破壊からどう安全に守るかということである。この課題に関して、私は何ヵ月もかけて思いをめぐらした。ドイツ人やイギリス人は泥壁に描かれた壁画を背後の壁から剥がすことに挑戦し、画の描かれた表面の重要な部分を切り取って保存することが

敦煌石窟の9世紀の仏像

できた。だが、岩壁に穿たれた洞窟の壁に描かれた画を取り出すのはそう簡単なことではない。

泥に藁を混ぜて造った日干し煉瓦を礫岩性の粗い岩肌に〇・五から二インチの深さに埋め込み、その上に石灰がブラシで薄く塗りつけられた白い壁の上に、ありきたりの水溶性顔料で図像が描かれていた。壁面のいちばん緩んだ箇所の崩れた日干し煉瓦を引き抜くのに、細心の注意をもって鋸で切り取り鑿で削っても、大事な画像や細部から彩色された泥の大きなかけらが剥がれ落ちるのを避けられないのではないかと思われた。ハーバード大学博物館のエキスパートが薦めるやり方でやるとしても怖かった。それは私にとってまさに実験で、それが成功する見込みは一パーセントぐらいしかないように思われた。常識的に言えば、これほど偉大な傑作について私がやってはならない実験なのだ。だが、この方法での典型的な成功例となることを切望してもいた。

北京を出発する前に化学の専門家に教わって、古い顔料を固定させる色止め剤をかなりの量手に入れてきたのだが、いま目前にあるものは、黒板に書かれたチョークのように弱々しく剥がれやすいものだった。溶けやすい素地に描かれた画に色が固定してから塗るものも持ってきていた。

私は化学者でも熟達した絵画修復屋でもなく、考古学にたいしてごく良心的な普通の人間であるが、私がやろうとしていることはひどく罰当たりで不可能なことのように思われた。だが、洞窟の外で駱駝を滑り降り、ぽかんと口を開けてだらしなく参拝に入ってきた三人のがにまたのモンゴル人の態度を見て、この作業への意欲を駆り立てられた。彼らは赤むらさき色の頬に真青な髪の恐ろしげな新しい塑像をひどくうやうやしく拝んでいたが、彼らが立ち上がりかたまって話しだすと、中のひとりは油で汚れた掌を九世紀の壁画の上に置き、お喋りしているうちにそれに寄りかかってしまった。もうひとりの男は意味も無くぶらぶらと絵の描かれた壁に近づき、壁画から剥げかかっている薄片を爪で擦り取った。さらに彼らが狭い入口から押し合うようにして出ていったとき、彼らの汚れた羊皮の上着が入り口付近に列なった仏像をごしごしと擦ったのだ。ああ！　これらの仏像の腹の部分はもはや無くなってしまっている。これまでに何千何百という汚い羊皮をまとった肩や肘がこれらの像を擦ったにちがいない。

そのことだけで充分だった。私が取りかかろうとする敬虔なる実験は正当なものなのだ。私はいやいやながらも、まず初めに、落ちかかっている顔料を固定するために北京の化学者からもらった無色の液体を画にかけ、さらに熱した膠のような接着剤で顔料を補強した。だが、思いがけない難題がいくつかあった。洞窟内の温度は零度以下と低いため、使用した化学剤が凍る前に完全に壁の漆喰いに浸透したかどうか分からず、また熱したゼリー状の接着剤を硬くなる前に垂直の壁面にたっぷり塗りつけるのはほとんど不可能だった。王や苦力《クーリー》（人夫）たちは私が接着剤を塗りつけているとき、その熱さを保つために雄々しくも火鉢を高く持ち上げていてくれたが、その間じゅう熱い糖蜜のキャンディーのような液体が上を向いた私の顔や頭や服の上にポタポタ落ちかかり、さらに、す速く正確に塗りつける必要があるときに指どうしがくっついて膠状の塊になってしまった。絵の描かれていない壁かひどく破壊された壁については成功でも失敗でもよかった。画の描かれたものはケンブリッジに送ってフォッグ博物館の友人たちに、本当に可能ならば固まった台からそれを救い出してもらう必要があった。

六世紀のものについては他に現存する例が知られていないので触れるのを止め、また唐代の最高傑作にも触れるのを避け、部分的に破壊されたものの中から比較的保存状態の良い唐代の像をいくつか選んだ。これらはここではさほど重要なものではないとはいえ、アメリカではこれまでまったく見られないような貴重なものだし、トルキスタンの漆喰の壁から四角く切り取った壁画を所蔵するベルリンの博物館だって羨ましがるだろう。

それから五日というもの、朝から暗くなるまで作業し、夜には自分のしたことを悔やんでは救いがたい思いで過ごした。そして朝には、スプリングのない馬車でがたがた揺られ、さらに鉄道そして船での一八週の旅を経て、ハーバードのフォッグ博物館まで運ばれるために、フェルトで包み二枚の板にはさんでしっかり縛られた壁画の断片を見ては、運搬の困難さを思ってうちひしがれた。

私はその不幸な時をなんとか先延ばしにしようとしたのだが、いまは少なくとも彫像を一体、左官屋の鏝や田舎の彫像作者の塗料箱から勇気を振るい起こして救い出さなければならない、とはっきり思っていた。彼らは年一回のお祭り騒ぎの蛮行のために町の売買市場から数週間のうちにやって来るのだ。

年老いた僧侶は、私が熱したゼリー状の液体を彼のすばらしい壁画に塗りつけることになんの危害も感じていないようだった。彼はこれらの壁画に対して私よりはずっと冷静で、私がここでごみの中から何か画像を見つけたいと申し出たとき、彼はにこにこと笑うだけだった。だが、彫像についてはまったくちがった。それらの彫像は彼の誇りのようだった。彼は何ヵ月もオアシスからオアシスを巡ってそれらの彫像を作るために喜捨を受けたのだが、ひとりの気の触れた外国人がやってきて結構なプレゼントをくれて、彫像を一体持って行きたいというのだ。彼は、町の市場へ行って彼が雇ったのと同じ彫刻師に注文して一体作ってもらえば、運送やほかの面倒もなくてすむと提案した。あるいはもう少し待って北京に着いてから、大都会の芸術家に作ってもらったらどうかとも言った。彼の提案は確かに合理的ではあったが、私は何よりも彼の寺院に鎮座する仏像が頂きたいのだと強く言い張った。だが、結局は彼の提案に妥協し、彼がお金を払って新しく作らせた像の代わりに古くてうす汚れた像を一体申し受けることにしたので、この老僧もほっとしていた。

そういうわけで、片膝をつき胸の前に優美で繊細な両手を合わせて祈る仏像を、胸をはずませう

ハーバード大学フォッグ博物館に
ある敦煌から運ばれた彩色の塑像

やうやしく台座から取り出すことができた。千百年間、私以外のだれもその像を野蛮な手で騒がせることはなかったのだ。着衣の整った襞《ひだ》は埃だらけで色も定かではなかったが、そっと息を吹きかけ、絹のスカーフで埃を払ってみると、みずみずしい青や深紅、そして金色が鮮やかに現れた。象牙色の頬も現れ、首飾りも輝いて見えた。

小さい像はとても軽そうに見えたが、中空ではなく未焼成の粘土の塊は思った以上に重く、六人がかりで台座からとり上げてパッドを敷いた担架の上に移し、屈強な四人の男に私の寝室まで運んでもらった。そこで持ってきた板材の切れ端で不格好な箱を造りあげ、中に敦煌の市場で買った綿をいっぱい入れ、さらに私のベッドのフェルトや上掛けをたくさん入れた。

その小さな仏像はある「仏教徒」が着ていたさまざまな衣服をばらばらに集めて包んだ。ケンブリッジでその箱を開けた博物館職員たちは、私の毛布、裏返したブライアン・オーリン風の私の羊皮ズボン、ジェーガー・ドクター製の他にないような羊毛の下着、それにアメリカの雑誌広告に恥ずかし気もなく掲載されたＢＶＤの男性用下着を見つけるのだ。私が帰郷途中に下着や靴下が足りなくなっても、それらがあの像のみずみずしく滑らかな膚や消え落ちそうな顔料を危害から護るために働いているのだと考えて、私の心は暖められるだろう。

第十五章　帰り道

この地に来てから一〇日経ったが、また再び広い田園をぬけ馬車にゆられて北京に帰らなければならないのだ。道中事もなく進んだとしても二ヵ月はかかるだろう。実際、六七日も風呂にはいれなかったし、三四週間前に後にしたワゴン・リッツ・ホテルでのいつでもお茶を飲めるような生活にはもどれなかった。

私はこの先のことを考えながら、とぼとぼと歩きつづけた。八ヵ月もの調査旅行は予想とはちがって、大学にとって確実で物理的な成果をもたらした。敦煌で手に入れた唐代の彫像と三枚の壁画の断片、カラ・ホトで手に入れた美しい青銅製の鏡と彩色された塑像、そして主として西安で手に入れた、刻字され装飾された古い石碑からとった大量の拓本などが得られた。秦州の象の寺院では少なくとも石像の頭部が五つと胴体だけの優美な石像。それは破損された状態で発見され、注意深くとりあげられたのだ。

とはいえ、より実質的な発見こそより重要なのだ。最も予期しなかったもののひとつは、地質調査のアンダーソン博士と出会って得た情報だった。彼がハーバードに提出した新石器時代の典型的な出土品は、私たちが中国で手に入れた物の中で最も古い時期のものだが、それらはいずれも明確な出土地や文化段階を特定することができるのだ。カラ・ホトの小調査では、もっと大がかりな長期間にわたる発掘をしなければ、これまで以上の成果が得られないことを思い知らされた。そこはコズロフやスタインがすっかり刈り取ってしまった後で、落ち穂拾いをするしかないことが明らかだった。それでも、私たちはその廃墟の町に触れ、ささやかに町の発掘調査法を試してみることで満足した。敦煌での成果についてとくと考えると、一〇日もの間あれこれ考えをめぐらせて際限がなかった。それらはスタイン卿やペリオ教授がそこから持ち帰ったものや、ペリオの著書に載っている壁画の複製に劣らず重要なものといえるが、幾多の疑問が答えのないままに残された。

私の心に想起したのは、ハーバードは今度はバッテリーを備えたカメラやさまざまな分野の研究助手を伴った、完璧な探検隊を派遣するべきだとの思いだった。最も早い時期の壁画に描かれた仏像はどんな仏なのか、九世紀から十世紀に密教にどんな仏が加わったのか？　早い時期の顔料と遅い時期の顔料ではどのようにちがっているのか、その顔料はどこからもたらされたのか？

インドの神々はインドから伝わる過程で変容したのか？　中央アジアの神々は交易のルートに沿った神々に加えられたのか？　それらの壁画にまさしく中国の絵画技法の原点、ことによるとあらゆる西洋絵画をも凌駕する風景画派の起源、後世の技法や様式の芽生え、そればかりではなく後の中世の衰退をもうかがうことができるだろう。場所によって二重あるいは三重にも元の画の上に石膏が塗り重ねられていたが、そうした部分はよく取れた写真でもはっきり見えないことがあるので、修整や復元の箇所ごとに記録しておかなければならない。原作品に向き合って六ヵ月もかけて綿密に調査することで、明確に立証され確定されうるそうした歴史的事実ばかりでなく、絵画の技法や様式的な発展についてのより鋭敏な説明を心の奥深くで学ばなければならない。それこそが中国絵画の長い歴史を終わりのない研究、そして豊かで満ち足りたものとするのだ。

さらに、秦州の象の寺院は、仏教芸術の歴史やその展開において重要な位置づけをなすものだった。というのも、仏教は紀元前にインドから中国に伝わってきていたが、知られている最も古い日付の碑文は五世紀初頭、おそらく象の寺院が断崖に掘られるわずか半世紀前のものである。これまでの数年間に私は、そうした早い時期の重要な仏教遺跡を四箇所訪れた。ひとつは小さな伊州の洞窟だが、そこには古代の痕跡を残すものは碑文の刻まれた石碑のほかには、洞窟の天井に手足を伸ばして彫られた長さ六フィートの守護神があるだけだった。それだけが村人の手が加えられず唯一残された古代様式を留める彫刻だった。そこから大同に向かった。何千体もの仏像とそれぞれ年代の明らかな寺院を擁する雲崗の石窟群は、いまなお良い保存状態を保っていた。そこから再び南の方、龍門のある黄河へ向かったが、そこは呉佩孚がこの旅に出立する私たちのために盛大な宴会を催してくれた場所から一二マイルも離れていた。そこに首府を造営し交易ルートを支配した北魏は、この地を仲介に西洋の国々から仕入れた新しい思想や馬や翡翠を全中国に送り出した。そこから一二マイル離れた場所で同じ時期の宮仙寺院をいくつか見つけたが、それら寺院の天井には天井板と梁、さらに釘の頭まで模した彫り込みがあり、すべて堅い断崖壁に完璧に留め継ぎにされていた。ヒマラヤより北方の森にある寺院で、それはいったいどんな梁の系譜を意味するのだろうか？その交易ルートの西に沿って進み、彬州で、早い時期の塑像の破片と崖の高さに聳える巨大な仏像を見つけた。大仏は近年石膏で表面を塗られており、造像年代は特定できなかった。だが、わずか一日の距離のトルキスタン国境付近で、敦煌の洞窟にまで達した六世紀の仏教の現在知られる最も遠い足跡といえる、象の洞窟を発見したのだった。装備の整った来年の探検隊は、何を発見するだろうか？

この偵察旅行はほとんど終わりに近く、私はいまケンブリッジと東方での長期の活動を充分に弁明することができる。ハーバード大学はすでに中国と日本から研究者を大学に呼んでいるが、今後はいよいよアジアでの実地調査に乗り出すべきだ。

地図に新しい地点を印し、疑問の余地なくそれらを確定し、ケンブリッジで他の研究者たちの解明に証拠となるものを提供するには、私たちに残された人生のすべての時間や力を要するだろう。そのことによって、美術の研究者や歴史学者、また比較宗教学の研究者や大学の中国の専門家にそれぞれ役立つものとなろう。そうした計画によってこそ、実地調査に携わる者は道中の苦労を忘れ、ごく小さな部分しか担いえない自分を全体に結びつけることができるのだ。私自身いま、もし来年の旅が突如眼前に明らかとなったなら、その誘惑に大いに迷うにちがいない。たった七ヵ月の間に眠れる獅子中国が眠りから覚め、あくびまじりに物々しく、私たちあらゆる外国人を各国公使館に急遽避難させるような事態が起きるなどとは考えられない。いつまでも春が去らない二つの省のあの吹きさらしの道を歩きながら、猛烈な夏の暑さの中を敦煌の寺院の門から、帰路につくためにだけこの道にまたやってくるとは思いもよらなかった。もしすべての真実を本当に知っていたなら、私はなおも喜んで歩きつづけ、次の調査のために備えておくべきだと考えたかった。

来年には帰国の途につくために引き返えそうというときに、私たちが探していた中国最古の仏教文化の痕跡を示す五つの貴重な遺跡を発見した。それに加え、中世後期の壁画を大量に記録した一連の写真を研究用に持ち帰った。これら壁画を知ることによって、その存在を知ったばかりだった私たちのギャップを埋めることができる。

だが、辺境の地から最初に戻ってきた数ヵ月は、馮玉祥や張作霖や呉佩孚ら軍閥同士の射ち合いや進撃・退却は予断をゆるさなかった。二、三ヵ月のうちにいかなる深刻な事態が生じるか分からなかった。だが、裸の畑に群がるキジのような強盗どもで溢れていた。私たち哀れな旅行者のほかに彼らの行動を気にする人は誰もおらず、宿の他の泊まり客の行動を毎晩注意深く観察し、彼らの挙動から明日私たちを待ち伏せして襲う計画があるかどうか見定めようとした。道中で出会った何人かは、見るからに泥棒と思われる連中だったので、ほとんど安心だった。しっかり武装して馬に乗り、荷物を持たない彼らは、私たちのわずかな装備をじろじろと品定めしていた。そういう場合は愉快そうにニコニコ笑いながら彼らの傍を通りすぎた。四頭のたくましい馬のほかには彼らに襲われるような値打ちのある物は、昔から道中で人ひとりの命に相当するという銀貨すらなかった。私は彼らと同じようなひどい恰好をしていて、毎日の髭剃りとかろうじて錫のたらいで身体を洗う以外には、外見では彼らとはほとんど区別がなかった。幸い当時その地方は守備隊の駐屯する町に多くの兵隊が集められており、それ以外には軍隊は不在だったので比較的安全だった。翌年、軍隊は進軍と退却を繰り返して小さな村から略奪したりしたので、私たちの心配の種になった。

どういう経路を帰ればよいのか私がよく覚えていなかったのは、ひたすら前に進むことにばかり気を取られて、道そのものに目を留める余裕がなかったからだろう。だが、これから先に要する費用や宿での秣代《まぐさ》を計算しては途方にくれてとぼとぼと歩いていたとはいえ、馬車の前に括りつけた箱の中に入っている何より大事な宝物の彫像が壊されないか心配で落ちつかなかったとはいえ、昼も夜も靄の中に人影が現れるとすぐ緊張した。ひどく寒い二月の夜、あちこちに明かりの点った提灯が吊るされた小さな町がいくつもあったが、人びとは「春節」(中国の新年)を迎える準備に忙しく、私たちはほとんど泊る場所も食べ物も見つけることができなかった。粛州では厄介な騒動があって、ジェイニが海岸地帯へ向かう途中で一〇日も引き留められたことが分かり私は腹をたてた。またどの宿でも朝、宿賃を払うときはいやなことの連続だった。宿の主人がつばきを吐きながら哀れな声で不平を言い、どなり、抵抗するのを、王はなんとか言いくるめた。あるときなど、ひどく寒くて薄暗い朝に私たちがやっと勇気を出し、朝食も摂らずに出発しようとしていると、馬の鼻面の前で宿の門が閉められてしまった。また、口やかましい女たちを急遽出口のところに呼んできて金を要求することもしばしばあった。白人が馬車の鞭で彼らを敲くことはないと思ったのだろう。私は彼らを鞭で打ちはしなかったが、どなったり、鞭を打つような構えを見せたたことは気がとがめた。

粛州では、万一に備えて四日間も用心深くとっておいた一つがいのキジを料理しているところ

長城の終着点

帰り道で

へ、行政長官の警備隊から遣わされた下級士官が銃を持った四人の兵を従え、挨拶もなしにずかずかと入ってきた。彼は勝手に私の炕《カン》に座っていろいろ要求を言いだしたが、私はひどく忙しく、彼が何を言いたいのか分からなかった。しばらく彼から侮辱的な言葉を高飛車に浴びせかけられたのち、価値ある青銅の仏像を一体私が盗んだということ、そしてそれを直ちに返せと言っているのだということが分かった。幸いその日の夕方、私はその町に着くとすぐ郵便局へ郵便物を取りに行き、ジェイニが蘭州から送ってきた到着の遅れを知らせる手紙を二通受け取っていた。手紙によれば、省の長官がモンゴル辺境地方の金塔鎮（金塔県にある）という小さな町から送られた訴状を受けとったが、それには県の行政長官の兄弟がその町の寺院の祭壇から取り出して私にくれた小さな青銅像を返却しろとの要求が記されている。彼がその像はいま私のところにあるといくら言っても、中国人たちは聞く耳を持たず、「汝の言うことが真実か否か分からない。もし汝を行かせたらウォーナー氏は汝がそれを持っていったと言わないか?」というのだ。そんな疑いは彼を侮辱するものだと手紙は呆れていた。

私はまもなくその行政長官の使者の無礼な態度にうんざりし、彼が私の話を聞こうとしないので殴りつけたい衝動に駆られた。彼をひとまず追い出したのち、王と私と周老人の三人は（車夫をしていた間抜けな少年はもういなくなっていたので）、ジューシーなキジの肉を貪るように食べ、すぐ横になった。翌朝、あの小像をポケットに押し込み、行政長官が司令部に訴状を託す前に敬意を表しに軍司令官を訪ねた。彼はいつものように愛想よく面会に応じてくれた。私は敦煌の行政長官に宛てた手紙を彼が書いくれたことに感謝してから、いまひとつお願いがあると切り出した。ポケットから小像を引っ張り出し、もし良ければこれを彼個人が受け取ってくれないかと訊いた。というのは、金塔鎮の人がそれを取り戻したいというのはよく分かるが、町の長官の無礼なやり方が腹に据えかねるので直接渡すのをためらっているからだ、と説明した。

この老紳士はびっくりしたようだった。彼が再三再四聞かされていたのは、そんな小さな仏像についての取るに足らないことだったのか！　彼はひどく悔しがり、明らかに腹を立てていた、もちろん私に対してでなく。彼は真に教養のある人のように、オアシスの金塔鎮や蘭州の司令部から繰り返し要求されても、私を拘引するために人を敦煌に遣わすことを拒んだのだった。ウォーナー氏はいま粛州を通ってこちらに戻ってくる途中であり、氏がわが役所にやって来たとき、その件について注意を促し、どのように処置するかについて彼に任せてほしい、と返事をするばかりだった。言うまでもなくその青銅像は返却されねばならない。彼は私に何度も謝まり、さして価値のない物のことでどうしてそんな大騒ぎになったのかまだ分からないようだった。彼の執務室に集まってきた秘書たちや役所の警備隊の兵士たちですら、皆非難することなく、指でその像に触れてはそれまでに聞いた大げさな話のことを語ったりしていた。その後、軍司令官が昼食を共にしたいと強く薦めるので断れなかった。彼がジェイニと私が受けた無礼な扱いに対して何か償いをしたいと思っているのは明らかだったからだ。彼は私に像の受け取り書を認めてから、その像の返却について蘭州の総督に電報で公式の報告書を送った。私たちが昼食を食べているところへ役所の小使いがやってきて、県の長官がかの外国人がまだ町を離れていないかどうか確かめるために、彼が泊まっている宿に兵士を遣わしたと告げた。そのとき、私をもてなしてくれているその老人が、なんで高い地位に着いているのかよく分かった。この騎兵隊の老首領はもうヨボヨボなのに、一瞬全身から閃光を発したかのように思えたのだ。彼は席から立ち上がると、二つの命令を大声で下した。

「その指令を撤回しろ！」

「その県の長官を後で叱りつけろ！」

それから彼は席につくとまた愛想のよい老人のにこやかな顔に戻り、私との会話をつづけた。会話はほとんど王の通訳によってたどたどしく進められた。彼はその件にはそれ以上言及しなかったが、その日の午後私の宿へ訪ねてきたときは、まるでハイランド（スコットランドの高地）の首長のように騎兵や歩兵の列を従えていた。兵士らはむさ苦しい宿の庭に溢れ、馬糞の山の上で大演習を繰り広げた。彼は贈り物を携えていた。チベットの絵画を一枚、外国人がコーヒーを飲むためのカップを二つ、そして小さな青銅の仏像を一体。その仏像は私が返したものより少し大きく、より精緻なものだったが、同じ時期のものだった。

その日の夕方、まちがいなく強制されたのだろう、金塔県の長官から謝罪の電話があったが、私は不在だと言わせた。翌日聞いたところでは、長官は彼の住むオアシスの町からここまで急いでやってきて、近くの宿に泊まっていたということだった。知らないこととはいえ、彼をひどく厄介なことに巻き込んでしまったことに遺憾の意を表さねばならないと思い、すぐ彼を探しに出かけた。彼はそのことはさほど気にしていなかったが、行政区の農民たちは彼を満州族、ようするに外国人として嫌っており、彼がもっと重要なポストにつくために県の長官を辞めようとしていることを知って、彼が「金の仏塔」の寺院から貴重な品が失われるのを黙認したのを暴き立てたのだ、ということを徐々に聞き出した。私が姿を現してその事件の真相が明らかになるまで行政長官を二週間以上も拘束する力が村人たちにあるというのは、中国の専制政治の奇妙なありようを示している。長官が釈放されるために小さな青銅像の代わりに銀八千オンスを支払えと彼らが言ったのは事実だ。その像は故買品を売っている北京の骨董屋では、ことによると旅行者向けに高くつけても五ドルという代物だったが。私たちはたがいに敬意と謝罪を丁寧に交わし、永遠の友情を誓って別れた。

一二日後、涼州の中国内陸宣教団の駐在地に到着した。親切なベルチャー夫妻はどうしても二晩は泊まり、その間に駱駝を休ませ旅行の装備を修理しろと言い張った。いまここで肉体的快楽に身を委ねるのはあまりに贅沢なことと強く気がとがめたが、しかしいま高原の激しい風から脱がれ、ゆっくりと風呂に入り腹いっぱい食べられるのは、永遠に忘れられない経験だった。だが、その家でのことは肉体的快楽以上のことだった。ここにはキリスト教徒の神がほとんど身近に在ると思うようになるまで、一〇分とかからなかった。ジャムやすばらしい味の肉料理が作られるや、いつでも神に感謝する祈りや歌が聞かれた。この上品な若い女主人は長年の困難な暮らしの中にあって、夜明け前の厳しい時間に聖書と胃の洗浄器を抱え、ベッドに横たわる哀れな若い婦人のところへ出かけていった。彼女は安らかな眠りの中で死のうと、そのとき手に入るいちばん安いアヘンを多量に飲んだのだ。牧師も夫人も正式に医学的な訓練を受けたことはなかったが、その文明にとり残された貧民街でやれることは沢山あったし、彼らの救護室にはさまざまな薬や外科用の道具が備えてあり、緊急に必要な場合には勇気をもってそれらを使わなければならなかった。男が女性の病人患者に付き添うことはできず、牧師夫人は彼女たちが苦しみ死んでいくのを見守らざるをえなかった。それは彼女たちにいわゆるキリスト教徒でもめったに見られないような奇妙な平安をごく稀にもたらしたが、ベルチャー夫妻のような生活の中ではほとんど毎日見られる奇跡でもあった。それはボストンのユニテリアン教徒（キリスト教の一派）である私にはじつに興味深い経験だった。というのも、私にとって神とは思いをいたすのも苦いような、慎重で上品な存在だったのが、突然、絶え間ない賛美と献身的な奉仕を強いられる生きた聖霊に直面させられたからだ。太平洋横断航路の汽船の喫煙室で、中国人の老船員たちがキリスト教の神や中国にいる宣教師たちを嘲るのを聞いておだやかに抗議したことがあった。だが、その船員たちは自分たちが何を言っているのか分かっていなかったのだ。彼らは涼州省の大きな地方都市でベルチャー夫妻とともにたった三日を過ごしたこともなく、そこであった奇跡的な出来事を聞くことも見ることもなかった。中国内陸宣教団は神のほかには誰にもお金の助けを求めることはなかった。神は彼らの願いを聞き、必要と思えばお金や薬、さらに新しい働き手までも、まったく思いもよらないところから満たすのだ。わずかなお金がどうしても必要なとき、神はしばしば何のためらいもなく、まさに必要なものを与えその状況を変えてくれる。それ故彼らは神に頼り、明日を思い煩わないことを知るのかもしれない。何よりもすばらしいことに、神はわずかな——悲しいほどわずかな——中国人の心に、今日皆に合いことばのように知られ、他の言語では言い表せない言葉を注入した——「上帝の慈悲」（神の恩寵）という言葉だ。その言葉によって中国人は、己の同胞から略奪するような胡散臭い生きものから人を信頼しまた信頼されるに値する男や女に、いかにも中国人だとは思われないような、難儀している外国人を見て嬉しがるようなことのないような人びとに、直ちに確実に変えられる。古い信仰からの改宗者――これより明確で簡明な言葉はないだろう――それこそ人間なのだ。彼らは奇妙な過ちを犯す。ときには悪魔の誘惑に負けてアヘンの吸引に心を奪われ、それが昂じると罪の穴に滑り落ちる。外国人租界で三〇年も暮らし、しばしば怪しげな手段で中国人から大金を巻き上げようとしていたあの中国人の老船員は、太平洋航路の大型汽船の喫煙室にするりと入り込んだ悪魔に格好のカモとされ、耳寄りの情報を囁かれたのだ。そんなわけで、この素敵な情報は海を渡り、それを聞いたアメリカの無邪気な少女たちは、中国人は西洋文明よりずっと優れた彼らの古代文明や壮大な古い哲学を実践することを「許される」べきだと本気で人びとに語っている。私は中国の哲学者に会ったことはないので、少なくとも彼らを否定しはしない。だが、その古代文明はいまは消滅しており、そしていまの中国では文明の正当性を最も評価しうるその本当の中味がほとんど見られないのだ。

牧師夫妻の家を発つ前に、ジャムを塗った焼きたてのパンや、呑み込みやすい半茹での生パン「ミーン」を作る香辛料をふった肉を積み込むと、ベルチャー夫妻は道中の神の加護を祈り、明らかに強盗に襲われやすい地点を涙ぐましいほど綿密に指摘してくれた。

涼州を発って最初の一週間はひどく冷え込んだが、比較的順調な旅だった。二日目に山中の川沿いの渓谷を過ぎたが、そこには馬車を動かすことができそうになく、困り果てた荷馬車隊がいくつかあった。御者たちは通常大きな集団で進むのだが、途中で動けなくなるたびに、一列に長く繋がれたラバが沼地や浅瀬のアイスケーキに嵌まり込んだ馬車を引き上げた。それでも、陰鬱な空の下、二月の寒さにこごえながら、でこぼこの山道や岩だらけの道をとぼとぼと歩き、長城の磨りへった切れはしの傍を歩くのは、尽きない興味があった。多くは壊れていたが、ときにはよく保存されているところもあり、ときには低い小山をなしているところもあって、その陰を歩いたり、上を用心深く踏んだり、見張りの塔の墟によじ登ったりするのは相変わらず楽しかった。ある夜遅く、またもや道に迷って野宿することにしたが、遠くで聞こえる犬の吠え声に勇気づけられて、ぽつんと一軒建つ農舎によろめくように入り込むと、皆冷たい炕《カン》の上に集まって縮こまっていたが、一晩中怒号しつづける疾風は避けることができた。

蘭州に着くと、また友だちに囲まれている気がした。二人の気持ちのいい煙草開拓者と宣教師がおり、省の新しい郵便局長もいて、彼らと一緒に豪華な食事をした。この外国人租界地には、さらにスウェーデンの中国地質調査隊隊長の博学なアンダーソン博士も来ていた。彼は庭がある大きな家を冬の住まいとして快適に暮らしていたが、彼が出してくれたシュナプス（酒の一種）を飲んだり彼が手に入れた驚くべき考古学的発掘品に懇切な説明を聞きながら目を通したりして、私たち二人はすぐ専門分野を巡って深いところまで語り合うようになった。二年ほど前、彼はその地方で古い野営地の焚き火や小屋の跡を見つけてから、ずっと絶滅した動物の骨を探していた。彼は引きつづきそうした場所の追跡調査を行って多くの資料を得たが、いずれも中国史の研究者にとって珍しいもので、地中海沿岸のいくつかの初期文化や、パンペリー教授が中央アジアで発見した古い文化と類似していた。それは、有史以前の中国は最後は近東と繋がり、それ故ヨーロッパとも繋がっていたという想像へとたちまち飛躍した。そんな面白い話を聞いているとこの場所を離れたくなくなり、まる四日というもの彼の発見の話に耳を傾けたり、まだ梱包されていない標本を観察したり、彼の言ったことについて真剣に考えたりして過ごした。というのも、教授は疑問点について科学的寛大さをもって再び徹底的に議論し、またコロンビア大学の地質学教室で学んだ助手の袁氏とともに彼らの発見について劇的な話を語ってくれたからだ。私はずっと新しい要素を自分の考えに加えたいと切望してきたが、祭りを終わらせねばならない日が来るのを恐れてもいた。ここには、ことによると大陸どうしをたがいに近づける、人類の生活史上の新たな繋がりがあるかもしれない。そのことは、私が中世について最も関心のある文化の伝播や消滅した文化、さらに西洋との繋がりを探して辿ったこの古い交易の道を、私が大胆にも推測していたより数千年も古いものにしたのだ。北京にひとりで戻る道すがら一ヵ月の間、私はそのことをひたすら反芻していた。故国での生活ではどこへ行っても人や本で溢れていて、こんなものよりずっと大きな発想をもてるが、中国の現地に立ってみて初めて、その交易の道の重要性についての自分の知識が、私の視界に入ってきたすべての新しい発想の大きさに比して、いかに貧困なものであるかが分かった。何ヵ月もひとりでその足跡を無謀にも辿るには、その背景として並はずれて豊かな読解力や思考力を備えていたにちがいない。極地の探検者たちが乗る船には旋盤や鍛冶屋の仕事場や大工道具が備えてあり、航海の途中で装備を調整するのだが、そうやって船の中でできることをやって精神的な安定を保つ――使わないでいるとダメになる頭や手を忙しく動かすことで柔軟な思考力を保つのだ、と彼らが語ったことがあった。私のいいかげんな思考や注意散漫な性格からすれば、家でどうしようもないよりも、ここでひとりで奮闘することでまともでいられるのは幸なことだだと思った。

いつもにこやかなアンダーソン博士と助手の袁氏は蒙古馬にまたがって途中まで送ってくれた。別れにあたって、私たちの馬車に立てられたアメリカ国旗を模した六星の旗をバックに、彼らの写真を撮った。彼は、帰国したら科学関係の本と論文を数点アメリカから送ってくれるよう私に頼み、その代わりに彼の貴重な発見品のいくつかをハーバート大学のピーボディー博物館に寄贈すると、特有の好意をもって約束してくれた。

雪が七日間も降りつづき、身を切るように寒く、のろのろと私たちが歩む道や広々とした高原を絶え間なく強い風が吹きつけていた。八日目の朝、道をまた横切って聳える六盤山に登るため、三時の暗闇の中を出発した。足下の雪は深さ六インチしかないが、凍った地面をすっかり覆っており、初めの登りでは連れて行った動物たちをさんざん苦労させた。何ヵ所かでは余分の小さい馬車からやむをえず何頭かのラバをはずして大きい馬車を引っ張るのを手伝わせ、その後で全部の七頭をもういちど坂を下らせて小さい馬車を引っ張ってこさせた。昼頃、まだ中腹まで登りつかないところで三台の大きな政府の郵便馬車に出会った。それぞれ一〇頭のラバに引かれていたが、いずれも下り道で絶望的に立ち往生していた。その方に近づいていくと、辺りは三〇頭のラバと二〇人もの男が鞭を打ち鳴らす音で騒がしく、どうしたらそこを通れるか想像もつかなかった。一寸先も見えない吹雪の中、怒鳴り声とともに馬具を外したり付けたりして、三時間近くかかってやっとそこを通り抜けることができた。突風が山の斜面に吹きつけてくると、いちばんひどい風が吹き過ぎるまで、顔を肘で覆い立っているほかなかった。断崖では山肌を削って作られた道の片側は下に落ち込み、もう片方は壁が高く聳え立っていた。突風がおさまったときには足下の方に木々の梢が見られるが、下の峡谷は底無しかもしれないと皆思っていた。山頂には一〇〇ヤード四方ほどの平坦地があったが、山の斜面が前方で急勾配になる手前で道がヘアピンカーブになっており、そこでもし馬車がブレーキを効かせず急いで坂を下りれば、必ず深い割れ目に飛び込んでしまうにちがいない。そうなったら凍りついた地面を覆った雪の上で踏ん張ることはできないから、後ろから引き綱をいくら引っ張ってもほとんど役に立たない。そこで、賢い年長の白馬のほかは馬車のかじ棒から外し、その馬をしゃがみ込ませて前足を突っ張らせ、耳を前方に立てたまま滑り降りさせた。それと同時に二人が馬車の傍らを歩きかつ滑り降りて、馬車の滑りが速すぎたり、年取った馬の突っ張った前足が弱ったりすると、馬車を止まらせるために持ってきた予備の角材を車輪の前に挟み込んだ。ヘアピンカーブはもちろん壁で囲まれていないので、馬車と隊員が突然現れた急カーブのひとつで道からはずれ、断崖を真っ直ぐ滑べり落ちるのではないかとずっと心配だった。二頭のラバが尻をついて重々しくしゃがみ込み、前や後にずるずると滑りながら崖の縁から滑り落ちていくのが見えた。だが急いで見にいくと、下の灌木の林にはまり込んで、まったく傷ついていなかった。後でどうやってそのラバたちを道に引き上げたか私は知らない。

モンゴルの皇帝チンギス・ハンが没した場所、という小さな寺院のある平坦な場所で止まり、私たちは激しく言い争った。背に馬具を付けた二頭のラバが馬車より先に行っており、ラバたちはいたが引き綱が一セットなくなっていたのだ。そこに避難していた牧師と六人の車夫が私たちの新しく雇った車夫のことをひどく怒っていた。小屋の間をくまなく探したが、無くなった引き綱はどうしても見つからない。その馬車は借りたものだったが、無くなった引き綱を誰かが持っているならば、中国人がする事態への対処法がいいと思い、あの車夫は翌朝麓の宿で私たちのところへやってくると言って、私は淡々と前に進んだ。その馬車から盗めるものは何もないし、彼は六盤山をまた越えて帰るよりも、まちがいなく坂を下って金をもらいにくるだろうと思ったからだ。

一四時間歩きつづけて麓の宿に着くと、七頭の動物と私たち四人はもはや倒れんばかりだった。たぶんその日のうちにラバと馬が同時に倒れるようなことはないだろうが、振り返ってみれば、何頭かは倒れるかもしれないと思われた。私の髭は凍りついて氷の棒状になっており、夕べから何も食べていなかった。だが宿では動物たちのために豆や刻んだ藁を、私たちのために「面団」（半ゆでにした練り粉）を用意し、眠るための炕《カン》の上に比較的きれいな筵《むしろ》を敷いてくれた。運ばれてきた「面団」はあまりに汚らしく、腹ぺこなのに食べる気がせず、蘭州で別れるときに気のいい煙草商人たちからお土産にもらった拳大のアメリカ風クラッカーで我慢することにした。それを一、二杯のお湯で呑み込み、なんとか眠りにつくことができた。翌朝、王がどこかで卵を探してきたので、ひとりに一〇個ずつ刻んだタマネギとかきまぜて焼き、ベルチャー夫妻からもらった外国製のお茶を入れて皆に飲ませた。言うまでもなくラバの車はまだ着いていないので、ひとりの男に山の上へ取りに行かせた。それが戻ってきても引き綱はまだ見つからず、ラバは腹をすかせていた。そのために出発を遅らせ、一〇時半になってやっと出発できた。宿の庭を出るときには一〇日目にして初めて太陽が昇ったが、午後はまた曇ってきたので夜は月が出ないと思われた。道は凍った地面が溶けかかった雪で厚く覆われ、ひどく危険なので、二〇マイルは行きたかったのだが、たったの一〇マイル行ったところで暗くならないうちに泊まることにした。

二日後、「象の寺院」で予備の写真を撮っておく必要があると思い、一時間ばかり小休止した。そこには私より前に来たジェイニの残した痕があった。彼はカメラを据え付けるために小さな台状に石を積み上げ、さらに後ろの彫像を調べるために煉瓦を積んだ新しい塀の内を掘っていた。彼は五週間も前にそこを立ち去っていたが、私たちが初めて訪れたのはそれより六ヵ月も前のことだった。

その寺院から西安までは七日ほどのやや長い行程だったが、途中はほとんどぬかるみで寒く、ぬかるみに車輪を取られたラバの車をぐいぐいと引っ張り、浅瀬の薄くなった氷の上を馬車がいつ川に落ちるかとはらはらしながら渡った。途中で出会った中には私たちよりもっとひどいのがあった。郵便馬車が疲れきった馬に曳かれて這うようにのろのろと進んでいるので、彼らを助けるためにしかたなく自分たちのラバやもっと大事な馬を何頭か提供せざるをえず、何台かの馬車をぬかるみに置いていかねばならなかった。秦州の山は登るのに八時間かかったが、その日は一三時間半かかって九マイルほど進み、二軒の小さな小屋近くの道端に止まって馬の餌に藁を買い、馬車の中で藁の上に縮こまって朝まで寝ることができたときは嬉しかった。陝西省の省境いに着くまでは、左宗棠将軍がイスラム教徒討伐に遠征したとき道の両側に植えた木を吹き倒しそうな、乾いた強風との闘いだった。だが省境いまで来ると日が射してきて、風の勢いも半分ほどに弱まった。翌日、渭河に沿った渓谷上をうねるように進みながら見た川は、日の光に照らされて、じつにすばらしいものだった。断崖の道はぬかるんでいたが、風は雪を吹き飛ばし、険しく細い山道はもはや長くかった。下の方には、秋に通ったときには実がなっていた梨や棗の果樹園が、一枚の地図のように見えた。いまは木々の葉も落ち、黄灰色の土をバックにエッチングのような姿を見せていた。

宿の入口に立って外国製の鞍を付けた馬が村の通りを引かれているのを見て、西安の町まで最終行程にあることが分かった。夜、馬を引いていた「馬夫」から外国人の一行が他の宿に泊まっていることを聞いた。早速道を渡り、ワシントンのスミソニアン学術協会からやって来た古い友人のカール・ビショップを訪ねた。彼は初め、周囲に毛皮の付いた縁なし帽を被り、ふくらんだ羊皮の乗馬ズボンをはいた中国人の車夫が現れたとでも思ったのだろうか、私のように喜びはしなかったが、すぐに驚きから覚めると嬉しそうに迎えてくれた。一行は三人のアメリカ人と二人の中国人研究者で、翌日、太宗の陵墓や西安の平原の他の遺跡に一緒に行かないかと誘うので強く惹かれた。だが、夜遅くまで語り合い、北京でまた会うことを約束して満足することにした。

家からの手紙を受け取るのが待ち遠しく、早く北京へ行きたかったのだが、道中で雇った小さな馬車の代わりに車軸を短かくした新しい馬車と車夫をひとり雇う必要があって、鉄道の終着駅に向けて出発するまでに西安で三泊しなくてはならなかった。その間、フォッグ博物館のために古い石碑や彫刻から採った一連の新しい拓本を手に入れようと、もういちど骨董屋を見てまわったりして過ごした。

鉄道の終着駅までの五日間、さらに駅の傍の道と車中で過ごした二日間、何を考えて過ごしたかよく覚えていないほど、思いは北京のことにばかり向いていた。辺りの田園がさらに穏やかなようすを帯びていたこと、冬の大麦が六インチほどに伸びていたこと、そして鉄道の駅に着く一、二日前に首領のいない強盗どもの小さな集団に不意に出会し、軍隊に護衛兵の派遣を要請せざるをえなかったことなどは覚えている。七ヵ月前に通ったのと同じ深く窪んだ道を、また縫うように進まなければならず、道はより深く、より危険で終わりがないような気がした。歩みはひどくゆっくりで、ますますのろくなったように思われたが、強盗のことは気にならなかった。これまでの長い道中で強盗に襲われたことはいちどもないし、まもなく終着点に着くという場所で連中に襲われることはまずなかろう思ったからだ。それでも、ライフル銃を売って散弾銃に代えてしまったし、ついてきてくれる一〇人の護衛兵も、のろのろと進む私たちに向けて高く頭上に突き出た断崖の上から発射された銃弾の音を聞いたとたん、脱兎のごとく逃げ出すにちがいないから、決して充分とは言えなかったのだが。

首都である大都市北京の町並みに汽車が走り込むと、精神的疲労は吹き飛んだ。もはやうす汚れた羊毛製寝具の不格好な山に嫌悪感を抱くこともなかった。それは充分役目を果たしたのだし、まもなく私の足首を綿のシーツの中で捻り回すこともできるからだ。一時間もすれば、風呂に入り、香水を振りかけ、香油を塗り、黄土色のフランネル製シャツやクーリーが着る青い生地で継ぎを当てた羊毛の乗馬ズボンにおさらばして、荒れた首筋を貴族のように清潔なカラーの付いた糊のきいた不慣れな襟肩に通し、絹を裏に張った黒いラシャのマントを纏うことだってできるのだ。

私の汚れたズックの袋が、粗雑な板で組んだ大きな箱に押し込まれて手押し車に積まれ、中にはすべての貴重な品々のうちでも最も貴重な品が大事に入れられていた。両手の指を組み合わせ永遠の祈りに跪く聖像。その優美に折り重ねられたガウンはいまなお八世紀の金色や紫、青、銀色で豊かに覆われている。私が乗った車輪にゴムを貼った人力車は、荷物を積んだ馬車の後ろを春の日の夕暮れ時、公使館に沿った通りをゆっくりと進んだ。ちょうどそのとき、大使館の高官たちと夫人を乗せた自動車が、他の高官たちと晩餐をともにするために守衛の立つ門から滑るように出てきた。彼らはいつもそうした場でさまざまな問題を非公式に話し合い、さらにブリッジや麻雀やダンスを楽しむのだ。

エナメルの靴を穿き、両手を毛皮のコートのポケットに突っ込み、ステッキを肘の下にスマートに抱え込んでぶらぶらと歩いているのは、彼ら外交官の中で最も優秀な第一秘書官のエドワード・ベルだった。彼は琥珀色のホルダーに挿し込んだ食事前の煙草を口にくわ、友人と並んで歩いていたが、毛皮の縁なし帽を被った見すぼらしい人物に通りすがりの人力車の座席から大声で呼ばれると、混みあった通りの中程まで急いで行き、その外国人、すなわち私の手を堅く握りしめた。彼は高い毛皮の襟のついた絹の服を着たままあわや抱き締められそうになるとは、思いもしなかっただろう。

翌日、彼の事務室で会い、次回の遠征計画や将来ハーバート大学が中国で行う調査について話し合った。彼は私のようにシルク・ロードを巡るもつれた謎の解明に加わりたいと強く望んでいた。私の幸運を祈るよりも彼自身が西域に行きたかったのだ。その後、彼は兵士たちが言う西に本当に行って戦死したという悲しい知らせがあった。わが国の若い外交官の中で最も有能で分別があり、国や大学のことを心底大事に思っていたこの人物は道半ばにして逝き、私たちハーバートの隊が次に中国の調査をするときには、他の人の協力を仰がねばならなくなったのだ。その知らせのあった日の午後、彼は親切で聡明な人物だっただけでなく、私が八ヵ月もとぼとぼと歩いていたことを懐かしく想い出すとき、私にとってそのしるしであり象徴でもあった。

彼は苦しい日々の思い出、彼は町の思い出。

彼は夜会服とともにあるすべての思い出。

私の前の手押し車の中にはなおも、両手を合わせ、色あせてなお鮮やかな衣を纏った貴重な土の小像、そして八世紀の敬虔な作者たちの手になる紛う方なき壁画の断片があった。そしてぼんやりと彼方に——友らの肩の向こうに——古い神々の美しい姿がゆっくりと永久の昔へと遠ざかっていく古代への入口を見た。

おわり

訳者あとがき

中国から日本の奈良女子大学での留学を経てアメリカまでやってきた私は、日本語教師でありながら東アジア研究にも携わっており、自分の生きがいとして何か日中米の言語研究や文化交流にかかわる仕事ができればと望みつつ今日に至っている。いまから一〇年ほど前に考古学者の茂木雅博先生から本書の「敦煌」「千仏洞」の二章を日本語に訳してほしいとの依頼を受け、それをきっかけに全文を翻訳することとなった。

最初は有名なアメリカの考古学者であり東洋美術史家であるランドン・ウォーナーの著書を日本語に翻訳する自信はなかったが、茂木先生にこの本を翻訳する価値を説かれ励まされて、自分が中国人、日本人、アメリカ人の生活ぶりをよく知っていて、英文で書かれた中国のことを日本語に直す場合、言葉さらに文化の勉強になり語学力をつけることができるのではないかと思ってやりはじめたのだった。

ところが、本書は、一九二六年にウォーナーによって書かれた紀行文であり、口語や俗語を混ぜた古い英文表現ばかりではなく、随筆あるいは散文体の文学作品であったり史的事実をつづった論文でもあったりするもので、しかも考古学、歴史学、文学的表現に関する知識が必要で、ときには作者の記述の意図、あるいは作者がいったい何を言おうとするのかを呑みこむのに相当時間がかかったり、私が思っていたよりはるかに困難な作業であった。

本原書における人名と地名の翻訳も困難さのひとつであった。それらは一九五八年に中華人民共和国政府によって導入されたローマ字つづり、すなわちピンイン式の標準語ではなく、ウェイド＝ジャイルズ式で中国の人名と地名が書いてあるが、中には正しくない発音によってつづったローマ字表記もある。そうした古いローマ字表記法は現在台湾では人名や地名にだけ残っており、現在は使われなくなった。周知のように中国語には同音異字がたくさんあり、そして声調と四声があり、どの漢字を宛てたほうがいいかはその内容、またその声調によってちがう。有名な人物や名所ならその史的事実を調査したうえ、正確な漢字に直すことができるとはいえ、そうでない人名や当時の小さな町や川の名前を今日の中国で調べようもなく、音訳するしかなかったのである。

第一章から第一五章までの作業を通して語学の上達はもちろんのこと、中国の素晴らしい遺跡や悠久な芸術文化、現代中国史、当時の多民族の生活ぶりや風俗習慣、さらにシルクロードにおける東西文化交流にも詳しくなり、大変いい勉強になった。同時に本書がいろいろな分野で読者の参考になればと願っている。

この翻訳書を刊行するにあたり、刊行の機会を与えてくださったばかりでなく、過不足なく流暢な日本語訳にするために多くの時間を割いて原稿を忍耐強くチェックしてくださった同成社の山脇洋亮氏、また私の作業を長い間見守り内容的なチェックをしてくださった茂木雅博先生に心からの御礼を申し述べたい。翻訳に取りかかって以来一〇年もの月日が経ってしまったが、とにかくここに完成を見ることができたのはひとえにこのお二人の好意と協力の賜物なのである。

二〇一四年三月

アトランタにて　劉　学新

ハーバード大学サックラー博物館にある敦煌の仏像の横に立つ訳者（本書 190 頁参照）

解　説

茂木雅博

本書の著者ランドン・ウォーナーは一八八一年に生まれ（一九五五年没）、一九〇三年にハーバード大学を卒業、翌年カーネギー探検隊に加わってトルキスタンやエジプトを訪れてアジア美術史の研究を志した。一九〇五年に初めて日本を訪れ、翌年ボストン美術館東洋部に職を得て同美術館の部長であった岡倉天心の下で働くこととなった。一九〇七年には岡倉の紹介で再び日本を訪れ、日本美術院仏像修復部で仏像彫刻の研究に従事する。その後岡倉との関係に亀裂が生じ、一九一二年にはボストン美術館を辞職。翌年岡倉が没すると、活動の場を日本から中国に移した。本書は中国での彼の活動の一端を記録したものであるが、J・K・フェアバンク著『中国回想録』（みすず書房、一九九四）を参考にすれば、ハーバード大学系列が中国に送り込んだ諸調査隊のひとつの結果を示すものとも考えられる。

当時まだ西欧の分家としての様相を色濃く残すアメリカ合衆国は、近代国家としての体裁を整えた先進諸国に追いつくべく博物館の整備に大童であった。そうした中西洋の美術品蒐集に出遅れたボストン美術館は、アジア、特に東アジアの美術品蒐集に活路を求めようとした。そうした場面で登場したのが岡倉天心であった。W・I・コーエンは岡倉について次のような人物評をしている。「(当時の美術館は)日本コレクションの価値について権威を持って論じ、美術館の理事にそれを認識させ、かつ観客を集めることができる人物が必要だった。美術館は、いわば興行師、笛吹き男、ペテン師を必要としていた。この役割に岡倉はフェノロサよりはるかに適任だった。岡倉は国宝保存会委員としてボストンに着いたとき、幸先のよいスタートを切った。美術館の中国および日本の所蔵品調査と保存に向けての措置を助言するという役割を担ったのである。流暢な英語をあやつり、詩を書き、花を生け、茶道を教えることができる彼は、ボストン上流社会が日本紳士だと認めるのに必要な教養をすべて身につけていたのである。こうして体中から魅力を発散させながら、土地の上流婦人を味方にしていった。大きな美術館には、こうした婦人の協力が欠かせなかったのである」(同著『アメリカが見た東アジア美術』スカイドア、一九九九)。

この岡倉評には異論を唱える向きもあろうが、ウォーナーはこの岡倉から徹底して博物館資料の蒐集法を教授されたものと思われる。その具体例が龍門石窟からの仏像移送計画であった。これは岡倉がカーネギー財団の資金で龍門を調査してその資料をボストンに運ぼうと計画し、若いウォーナーをその隊長に任命しようとしたものであるが、計画は実現しなかった。その後、岡倉は甥の早崎梗吉を中国に送りこみ、西安市の宝慶寺で仏龕一基等を入手してボストンに送らせたりもしている。本書に記されているウォーナーの諸資料の入手行動には岡倉の影が見え隠れすると言ってよいだろう。

ウォーナーの中国での資料収集活動は、今日的視点から見れば先進国の略奪行為として批判の対象となるものであり、現中国でウォーナーはまさに悪名高き人物とされている。二〇〇〇年八月、敦煌莫高窟の一部に開館した「敦煌蔵経洞陳列館」にはウォーナーのコーナーがあるが、そこには「ウォーナーはアメリカのハーバード大学考古学調査団の隊長として一九二四年敦煌に来て蔵経洞が空であるのを知り、計画を変更して石窟の表面に粘着剤を塗布して、壁画の表面を剥離し壁画精品十余幅と彩色塑像供養菩薩一尊を持ち去った。一九二五年再び大がかりな隊を組織してやって来たが、それを知った当地の民衆に反対されて、壁画の大剥離は阻止された」と記されている。本書にウォーナーが記した内容とはいささかニュアンスのちがいがあるようだが、私が一九八二年に莫高窟を訪れて目にした光景が痛々しいものであったことも事実である。

そうした今日的視点からの批判はさておき、本書に記されたウォーナーらの苦難に満ちた道中は旅行記としてきわめて興味ある読み物となっている。北京を発ったウォーナー一行は、保定 — 開封―鄭州―西安―蘭州―涼州（武威）―甘州（張掖）―エドゼナ―甘州―粛州（酒泉）―瓜州（安西）―敦煌と進むが、鄭州より西は鉄道が敷設されておらず、一行の旅は馬車と徒歩で砂漠や険しい山道を、ときには軍隊に守られて進む、まさに探検隊のそれであった。本書には当時の中国、あるいはモンゴルの習俗や治安の状況がそこかしこに記され、軍閥の割拠する二十世紀初頭のまだ近代文明の及ばない中国辺境の様相を生々しく伝えている。近代史資料としても価値ある記録といえよう。以下、旅程の中から注目すべき箇所をいくつか拾ってみたい。

一行は西安（唐代には都の長安）まであとわずかという臨潼県の洞仙なる町で温泉に浸かるが、この温泉こそ玄宗皇帝の愛妃、楊貴妃が珠の肌を濡らした華清池であり、そこは当時なお西安の上流階級の人びとの保養地あったというのだ。さらに西安の街では農民が耕作中に発見した考古学的遺品を売る姿もみられる。ウォーナーは特に西安碑林に興味を示し、ここに保存されている有名なネストリウス教徒の「大秦景教流行中国碑」（建中二年建碑）について「この碑はマルコ・ポーロもしくはプレスタージョンより数世紀も前、紀元七八一年に建てられたものだが、中国に残るものとしては、遠く隔たった東西間の手探りの交渉のようすを、何よりも明快に語っているといえよう」と記している。

西安を出発した一行は現在の国道三一二号線を蘭州に向かうが、その旅程で注目したいのは陝西省彬県の大仏寺に関する記録である。彬県大仏寺は唐の高宗と武則天を埋葬した乾陵を過ぎ三つの峠を超えた経水に面する丘陵の断面にあるが、北面の崖にある高さ二〇メートルの貞観二〈六二八〉年完成の大仏の頭部が写真で紹介されている。現在この川の周囲には北石窟寺、南石窟寺、王母宮、羅漢洞窟石窟、丈八寺石窟、千仏寺石窟、太山寺石窟、石空寺石窟、万仏洞石窟、楽山石窟、玉山寺石窟などがあるが本書には記録が見られない。国道三一二号線は現在平涼を経て一部寧夏回族自治区を経由して蘭州につづくが、当時は六盤山を経由していたようである。私はこの双方の国道を経由して旅をしたことがあるが、海抜二九二八メートルの六盤山

陝西省彬県の大仏（この大仏は文化大革命の折に破壊され1980年代にウォーナーらの写真にもとづいて復元された。王瑱群氏提供写真）

を越えるのは観光バスでも大変な難コースであった。現在でも特に陝西省から甘粛省に入ると、道路は一変して悪路と変わり一九九五年もその翌年も長い渋滞に巻き込まれた。また寧夏回族自治区の固原から六盤山を越えて、天水市へ出たときには、急斜面の道路に肝を冷やす思いであった。一行はここを二頭立ての馬車で通過しているのであるから、その困難さは想像を絶する。

そして蘭州へ到着した感想を「この町はほんとうに景色のよいすてきな町で、光り輝く大黄河が一方の城門則下を流れ、他の城門からは遙かかなたに聳える山脈群が眺められた」と記しているが、工業都市化した現在の蘭州からは想像することができない風景である。現在の蘭州市は蘭新鉄道が開通し、クラマイ油田から原油を移送して西部地区最大の石油コンビナートとアルミ生産の大工業都市で、煤煙と公害の町となり、光り輝く黄河や緑の山脈を眺めることは不可能に近い。光り輝く黄河は、劉家峡ダム上流の炳霊寺付近まで行かないと見られない。

十月に入り一行は涼州（武威）に向けて黄河大橋を渡って出発。この道ではトルファンとの間を往復する犂牛や駱駝、荷物を満載したラバに曳かせた車が行き交う交通ラッシュに遭遇する。涼州に近づくにつれて、一九一八年のロシア革命から逃れてきた避難民が多く見られるようになり、ウォーナーは「どの街の宿のどの室にも、あるいは街の変哲もない荒れた壁にも、ロシア人の名前や連隊の番号が数ヵ月前の日付で書き記してあった」と記すが、ロシア兵による落書きはようやくたどり着いた敦煌石窟の壁画にも見られ、彼が壁画の断片を剥ぎ取るという行為に出る伏線となっている。

酒泉の町で一〇日間過ごし、金塔鎮、そしてエドゼナへ行くが、ここはマルコ・ポーロによって発見され、スタインが有名な居延漢简を発見した場所である。マルコ・ポーロは「東方見聞録」の中で、張掖を発って北に馬で一二日、砂漠のはずれにあるこの町をエチナ（EZINA）と記し、そのようすを「ここはタングート省に属している。住民は偶像教徒である。彼らはたくさんの駱駝や家畜を飼育している。それにすばらしいランナー鷹やシェーカー隼がたくさんいる。住民は農作物や家畜を飼育して生活している。この都会で旅人は四〇日分の食料を集める。それはエチナを発つと北に向かって、人家もなければ宿をとるところもない、荒涼たる砂漠を四〇日間も馬で旅をつづけるからである。そこには夏ならともかく、谷あいや山を除いて人は住まないところで、野生の動物は、ロバも含めて実にたくさんいる。水も豊富で魚も多い。松も森もたくさんある」（『マルコ・ポーロ東方見聞録』校倉書房、一九六〇）と紹介している。

ここに一〇日間ほど留まり黒龍城の発掘を行っている。ウォーナーにとってこの地での発掘調査は目標のひとつだったが、ほとんど収穫らしいものはなかったようである。かくてこの探検旅行を意味あらしめるためには、次の目的地では何としても成功をおさめねばならない。甘州を発つに当たってウォーナーは「博学で練達な先人たちがすでに科学的かつ徹底的な調査をなしている。もし私たちが自分たちの動機にもとづいた探検の旅に乗り出さず、なおも他人の跡を追いかけようとするならば、多くは望めないだろう」と意を新たにし、「二つ目の目的である敦煌洞窟を調査するため、再び西域に向かって出発した」のである。

ようやっとたどり着いた敦煌の千仏洞で仏像群を目の当たりにしたウォーナーは、そのときのありさまを「M・ペリオが写した写真を確かめるため、こんなにも長年月、こんなにも長い道のり、こんなにも苦しい旅をつづけた後に見たものは、まさに息を飲むような光景だった。それからの一〇日間というものは、食事を摂るとき以外は洞窟を離れず、一四世紀も前の聖者たちが洞窟の壁に描き残した数々の輝かしい仏像を調査するという、重大な仕事に没頭した」と記している。

私も二〇〇〇年の八月、敦煌研究院の協力を得て一〇日間をこの地で過ごした。そのうち八日間は莫高窟の研究院宿舎に投宿して壁画と仏像群と対話させてもらったが、ウォーナーの記した一文を読んで、まさにそのときの感動をまざまざと思い出した。同時にいまなお残るロシア兵の落書きや、寒さに対して暖を取るための煙突施設の痕跡も目にした。落書きはロシア兵のものだけではなかった。日本の大谷探検隊の一員も第四四四窟（盛唐期）に「大日本京都　吉川小一郎　明治四十四年十月二十四日」と書き残している。

大谷探検隊員「吉川小一郎」の落書き

ウォーナーは壁画の一部を壁から剥がしてアメリカに持ち去りたいという誘惑と考古学者の良心とのあいだで葛藤するが、崇高な美術品をこうした蛮人の手から守るためという大義名分のもと、今流に言えば文化財の破壊に手を染める。彼が剥離した石窟は現在の第三二〇号、第三二一号、第三二三号、第三二九号、第三三一号、第三三五号の六窟であり、第三二八号には剥離剤が塗布されたまま放置された状態の壁画が残っている。その総面積は二九、五九一平方センチである。その時代的背景や彼の動悸についての論議はさておき、ここにもやはり欧米の列強がアジア・アフリカの諸地域の文化財に残した強者の爪痕が生々しく残っているのも事実であろう。

本書の解説からは少しはずれるが、ウォーナーは第二次世界大戦中の連合軍による日本への効果的な空爆に対して、重要な文化財の存在を列記したロバーツ委員会（戦争地域における美術的並びに歴史的遺跡の保護に関する委員会）の「文化財リスト」作成の一員として中心的な役割を果たした人物として知られている。このことは敗戦後、美術評論家の矢代幸雄氏らによって「ウォーナー・リスト」と評して広く喧伝され、マスコミもこれを支持して戦時下に日本の文化財を空爆から守った恩人として世に大きな話題を提供した。その背景には、彼がかつて日本に留学して日本の古美術について学んだことへの親近感、また彼の母方の先祖がハーバード大学の創立者のひとりであり、妻が大統領T・ルーズベルトの姪であるといったアメリカでの社会的地位もあったであろうことは想像に難くない。鎌倉ほか各地にウォーナーの顕彰碑が建てられているが、彼が古都の奈良や京都をはじめ日本の重要な文化財を本当に戦火から守ってくれた恩人であったのかどうかについては、現在異論もある。そこには彼が敦煌の壁画を剥離し持ち去ったことへの批判が影を投げかけているのだろう。

遙《はる》かなる敦煌《とんこう》への道《みち》

■訳者紹介■

劉　学新（りゅう・がくしん）

1955年　中国上海に生まれる
1977年　中国華東師範大学日本語学部卒業
1989年　奈良教育大学大学院教育学研究科修士号取得
1993年　奈良女子大学大学院人間文化研究科文学博士号取得
現　職　Associate Professor of Japanese and Asian Studies, Spelman College, USA
著書・論文
『古代日本語の研究』(同成社、1998)
Japanese Cultural Influence on Chinese Language Borrowing
Lexical Borrowing: A Case Study of the Language Contact Phenomenon in Japan and China
Japanese Simplification of Chinese Characters in Perspective
Politeness as a Social Strategy in Japanese Culture
Ganguro in Japanese Youth Culture: Self-identity in Cultural Conflict
Across the Borders: Hip Hop's Influence on the Chinese Youth Culture
その他日本語学および日本語教育、アジア研究関係論文多数

2014年5月10日発行

著　者　L・ウォーナー
訳　者　劉　学新
発行者　山脇洋亮
組　版　㈱富士デザイン
印　刷　モリモト印刷㈱
製　本　協栄製本㈱

発行所　東京都千代田区飯田橋4-4-8
（〒102-0072）東京中央ビル　㈱同成社
TEL　03-3239-1467　振替　00140-0-20618

ISBN978-4-88621-668-7　C1022